kochen & genießen

Unsere Kochschule

Ganz einfach kochen lernen

„Gelingt immer" steht auf dem Garantiesiegel des Buchcovers. Dieser Qualitätsanspruch ist uns wichtig, damit bei Ihnen zu Hause auch wirklich alles reibungslos klappt. **Dafür wird jedes Rezept von unserer Redaktion mehrfach getestet.** Ernährungswissenschaftler kochen die Rezepte in unserer Versuchsküche nach. Die Foodstylisten verwenden für die Fotos nur echte Lebensmittel, damit alles natürlich ist und auch so aussieht. Nur wenn die Rezepte perfekt gelingen, veröffentlichen wir sie. Dafür steht unser Siegel.

Moewig ist ein Imprint der Edel Germany GmbH

www.moewig.de | www.edel.com
1. Auflage 2013

Redaktion kochen & genießen
Chefredakteur: Götz Poggensee
Textchefin: Sandra Prill
Redaktion: Stefanie Clausen (Konzeption/Text), Angela Berger, Kathrin Schmuck, Céline Sohège (Praktikantin)
Schlussredaktion: Silke Schlichting
Grafik: Marion Müller, mal 3 Büro für Mediendesign
Fotos: Food & Foto, Hamburg;
S. 10/11: WMF (6), Le Creuset (1), Staub (1);
S. 36/37: 5amTag/www.machmit-5amTag.de (3);
S. 50: Food Collection.com (1).

Druck & Bindung:
optimal media GmbH, Röbel

Printed in Germany

ISBN 978-3-86803-523-0

Kochen lernen macht einfach Spaß!

Sie schwärmen von den Lieblingsgerichten Ihrer Kindheit oder haben genug von Tiefkühlpizza und Tütensuppen? Dann nehmen Sie den Kochlöffel zur Hand und entdecken Sie die Lust, selbst am Herd zu experimentieren! Dieses Buch hilft Ihnen dabei. Mit unserer Kochschule gelingen anhand der mehrfach geprüften Rezepte leckere Gerichte für jeden Tag und für besondere Anlässe. Schritt für Schritt wird alles auf ganz einfache Art erklärt. Vom bewährten Klassiker bis zum modernen Rezept. Vom deutschen Traditionsgericht bis zur raffinierten Asiaküche.

Zusätzlich zu den gelingsicheren Rezepten bietet diese Kochschule folgende Extras: Vor jedem Kapitel gibt es die wichtigsten Informationen zu den Lebensmitteln und viele Kochtricks und Tipps. Anhand von Step-by-Step-Fotos werden Grundlagen anschaulich erklärt. Und für Einsteiger besonders nützlich: Wichtige Infos zur Ausstattung der Küche, zum Tischdecken oder zur Kombination eines köstlichen Menüs ergänzen den Rezeptteil. Außerdem erfahren Sie im Glossar und in der Mengenlehre alles über Portionsgrößen, Fachbegriffe und Abkürzungen.

So kann eigentlich nichts mehr schiefgehen – Sie können loslegen und sich und Ihre Lieben mit unseren Rezepten verwöhnen. Viel Spaß wünscht

Ihre Redaktion
kochen & genießen

Inhalt

Inhalt

Info-Seiten:

DIE KÜCHENWAAGE sollte kabellos und leicht zu reinigen sein. Flache Exemplare passen in jede Schublade.

MESSER sollten am besten geschmiedet und nicht gestanzt sein und einen ergonomisch geformten Griff haben. Ein Satz von fünf guten genügt (Typ 1–5, s. Text).

SCHNEEBESEN braucht man zum klumpenfreien Verrühren und luftigen Aufschlagen. Sie sollten sich der Form der Schüssel anpassen.

AUFLAUFFORMEN in drei bis vier verschiedenen Größen lassen sich platzsparend ineinanderstapeln.

Gute Helfer für Ihr Küchenreich

Wer kochen möchte, benötigt das richtige Werkzeug, wie bei jedem Handwerk. Hiermit geht alles leicht von der Hand

Wiegen

Die Anschaffung einer grammgenauen digitalen Waage lohnt sich. Achten Sie darauf, dass sie über eine Zuwiegefunktion (Tara) verfügt, bei der während des Wiegens auf „0“ gestellt werden kann. Auch ein **Messbecher** zum Abmessen aller Flüssigkeiten ist unersetzlich.

Ein Satz gute Messer

Koch- (1) und **Allzweckmesser (2)** dienen dem Schnippeln von Gemüse, Kräutern oder Nüssen. Der Griff sollte schmaler als die Klinge sein, damit man wiegende Schneidbewegungen ausführen kann. **Brotmesser (3)** verfügen über einen Wellenschliff, der auch harte Krusten knackt. Ein **Fleischmesser (4)** mit gekrümmter spitzer Klinge eignet sich besonders zum Trennen von Sehnen und zum Spicken. Das **Schälmesser (5)** sollte klein und handlich sein. Zusätzlich sollten Sie sich einen **Sparschäler** anschaffen.

Rührbesen und -löffel

Schneebesen sind wie alle Küchenhelfer am dauerhaftesten aus rostfreiem Edelstahl. Wer das Verfärben von **Holzkochlöffeln** vermeiden möchte, nimmt lieber einen hitzefesten aus Kunststoff.

Durchschlag, Siebe

Ein grober **Durchschlag** ist eine Hilfe beim Abgießen von

ELEKTRISCHE KÜCHENGERÄTE erleichtern die Arbeit. Ein Handrührgerät (r.) muss unbedingt sein, genau wie der Pürierstab für Suppen (2. v. r.). Wer Platz für einen Blitzhacker (l.), z. B. für Zwiebeln, und eine Küchenmaschine hat, ist gut bedient.

RÜHRSCHÜSSELN mit passendem Ring für festen Stand und einem stabilen Griff sind ideal. Ein hoher Rührbecher zum Schlagen von Sahne darf auch nicht fehlen.

FEINE SIEBE sofort nach dem Gebrauch abspülen, trocken schütteln und zum Trocknen aufhängen.

REIBEN UND HOBEL aus Edelstahl sollten rutschfeste Füße und einen stabilen Griff besitzen.

Gekochtem wie Nudeln. Auch zum Waschen von Salat und Gemüse ist er nützlich. Das Netz **feiner Siebe** sollte aus Edelstahl bestehen, Kunststoff ist weniger haltbar. Sinnvoll ist die Anschaffung eines großen und eines kleinen Siebes.

Reiben und Hobel

Zum Zerkleinern von Gemüse, Kartoffeln und Käse braucht man eine **feine** und eine **grobe Reibe.** Fürs Schneiden von Scheiben aus Gemüse und Kartoffeln ist ein **Gurkenhobel** oder ein **V-Hobel** hilfreich.

Küchengeräte

Ein **Handrührgerät** zum lockeren Aufschlagen und Verrühren gehört in jeden Haushalt. Wenn dieses keinen Stabmixer enthält, sollte ein **Pürierstab** angeschafft werden. Eine **Küchenmaschine** zum Kneten, Schlagen und Zerkleinern oder ein **Universalzerkleinerer** erleichtern die Arbeit.

Rührschüsseln

Ein Satz **Schüsseln** mit rutschsicherem Fuß und Spritzschutz wird ständig gebraucht. Am haltbarsten ist hier Edelstahl oder fester Kunststoff.

Töpfe und Pfannen

Für den Anfang reichen ein **kleiner Topf von 1 ½ l Inhalt,** ein **mittelgroßer von 3 l,** ein **großer von 5 l** sowie ein **sehr großer von 10 l.** Wichtig sind fest schließende Deckel und hitzebeständige Griffe. Zwei **Bratpfannen,** eine davon mit **Antihaftbeschichtung** für schonendes Braten, sind ideal.

TÖPFE halten fast ein Leben lang, sodass solide Qualität sich lohnt. Ein Einsteigerset besteht aus ca. vier Größen und kann ergänzt werden. Dazu empfehlenswert: eine beschichtete, eine Edelstahl- oder Gusseisenpfanne.

Die wichtigsten Garmethoden

Die Grundlage zum Verständnis der Rezepte ist die Kenntnis der Garverfahren. Was macht man eigentlich beim Dünsten, Dämpfen oder Schmoren genau? Hier sagen wir es Ihnen

Kochen …

… ist das Garen von Nahrungsmitteln in viel Flüssigkeit, meist Wasser. Dieses setzt man heiß auf, um Auslaugen zu verhindern (z. B. Gemüse). Für geschmackvolle Brühen wird, z. B. Kochfleisch, mit kaltem Wasser aufgesetzt.

Dünsten …

… ist schonendes Garen im eigenen Saft oder in wenig Flüssigkeit im geschlossenen Topf. Mal mit, mal ohne Fett: Für Gemüse, Fisch und Fleisch mit kurzer Garzeit geeignet.

Beim Dämpfen …

… werden die Lebensmittel besonders nährstoffschonend in Wasserdampf gegart. Diese Methode im Topf mit Siebeinsatz und einem gut schließenden Deckel eignet sich für Gemüse (vgl. S. 37), fettarme Fische und Kartoffeln.

Schmoren …

… ist das Garen von Lebensmitteln nach scharfem Anbraten in Fett. Dabei wird Flüssigkeit, z. B. Brühe, angegossen und alles bei wenig Hitze mit geschlossenem Deckel auf dem Herd oder im Ofen gegart.

Beim Braten …

… großer Fleischteile im Ofen bilden sich an der Oberfläche aromatische Röststoffe. Das Kurzbraten in der Pfanne im heißen Fett geschieht unter Wenden oder Bewegen bei mittlerer Hitze.

BASILIKUM ist durch Pesto und Tomate-Mozzarella berühmt. Sein pfeffrig-süßes Aroma regt den Appetit an und beruhigt. Die empfindlichen Blättchen besser nicht hacken, sondern fein schneiden und frisch übers Essen streuen.

DILL bringt frische Würze an Salatdressings, (Fisch-)Soßen, Eiergerichte und Gurkensalat. Getrocknet verliert er schnell an Aroma, daher besser auf TK-Ware zurückgreifen. Lieber nicht hacken, nur fein schneiden und kurz mitkochen.

KERBEL schmeckt würzig und pikant und verfeinert Kartoffelsuppe und Spargel ebenso wie cremige Soßen, helles Geflügel oder Kalbfleisch. Sie sollten ihn nur frisch verwenden und nicht zu lange miterhitzen.

MINZE gehört in die orientalische Küche, bekannt ist z. B. der Bulgursalat Tabouleh. Von dort stammt auch der Tee mit süßer Minze. Minzsoße zum Lammbraten wiederum ist klassisch englisch. Auch beliebt: der Cocktail Mojito mit frischer Minze.

PETERSILIE lieben wir wörtlich über alles: besonders in Eintöpfen, Soßen und Gemüsegerichten. Die krause Variante wird mehr und mehr von der aromatischeren glatten Sorte abgelöst. Um die gesunden Inhaltsstoffe wie Vitamin C zu erhalten, nicht stark erhitzen!

ROSMARIN kommt aus dem Mittelmeerraum. Sein kräftiges, leicht harzig-bitteres Aroma passt zu Fleisch (Lamm, Geflügel, Schwein), Kartoffeln und mediterranem Gemüse. Nadeln oder Zweige mitkochen. Rosmarin lässt sich zum Konservieren gut trocknen.

SALBEI schmeckt kräftig würzig bis bitter. Er ist prima geeignet zum Mitkochen und passt zu Schweinefleisch, Leber, Pasta und Käse. Die Blättchen sind lecker in Weinteig knusprig ausgebacken (und heißen dann „Mäuschen"). Hilft auch als Tee bei Halsschmerzen.

SCHNITTLAUCH, das Universalkraut, bringt ein mildes Zwiebelaroma an Quark, Dips und Eiergerichte. Im Töpfchen hält er sich wochenlang frisch, zum Trocknen eignet er sich kaum. Nicht lange mitkochen, sonst wird sein feines Zwiebelaroma zerstört.

THYMIAN stammt aus Südeuropa und ist sehr intensiv. Also immer sparsam verwenden, damit es nicht zu bitter wird. Seine ätherischen Öle machen fettes Essen bekömmlicher. Er harmoniert prima mit Knoblauch, Oliven und fast allen mediterranen Gemüsen.

ZITRONENMELISSE ist seit der Antike als beruhigendes Heilkraut bekannt. Ihr frisches Zitronenaroma passt wunderbar zu Desserts, Obstsalaten, Gelees, Dressings, fruchtigen Bowlen und Cocktails. Die zarten Blättchen sollte man stets frisch verwenden.

Aus Kräutern schöne Sachen selber zaubern

- Lassen Sie einige aromatische Zweige, z. B. Thymian und Rosmarin, ca. drei Wochen **in Olivenöl** ziehen. Das sorgt beim Kochen für ein feines Aroma.
- Oder Sie frieren gehackte Kräuter mit Wasser in einem **Eiswürfelbehälter** ein und verwenden sie in Sommerdrinks.
- Aus frischem Basilikum können Sie leckeres **Pesto** (s. S. 168) zubereiten und dieses auch einfrieren.

CHILISCHOTEN sind frisch, getrocknet und gemahlen (Cayennepfeffer) oder als Paste (Sambal) ein beliebter Scharfmacher. Die Schärfe sitzt in den Kernen und Trennwänden. Diese evtl. entfernen.

CURRY ist eine milde bis würzig-scharfe Mischung aus bis zu 20 Gewürzen, z. B. Kurkuma, Koriander, Kreuzkümmel, Ingwer, Muskat und Chili. Bringt Würze an Fleisch- und Gemüsegerichte, Fisch und Reis.

GEWÜRZNELKEN sind die getrockneten Knospen des tropischen Nelkenbaumes und haben ein scharf-würziges, süßliches Aroma. Lecker in Kompott, Rotkohl, Kürbis, Wild, Gebäck. Sparsam dosieren!

INGWER mit dem frischen, fruchtigen und scharfen Aroma bringt köstlichen Geschmack in fernöstliche Gerichte. Die Wurzel gibt Kürbis, Chutneys, Weihnachtsgebäck und Süßspeisen Raffinesse.

KARDAMOMKAPSELN enthalten kleine Samen mit kampferartigem, leicht scharfem Geschmack – man mahlt oder zerstößt sie. Lecker in orientalischen (Reis-)Gerichten, Desserts, Gebäck und Punsch.

KORIANDERSAMEN sind ein typisches Brotgewürz. Sie verleihen Fleisch, Kartoffeln, Möhren, Hülsenfrüchten und süßsauer Eingelegtem eine feinwürzige bis pfeffrige Note.

KREUZKÜMMEL (Kumin) ist ein Verwandter des Kümmels. Schmeckt sehr intensiv, leicht scharf bis bitter. Traditionell in indischen, arabischen und südamerikanischen Gerichten, z. B. Falafel und Hummus.

MUSKATNÜSSE sind Samenkerne des Muskatnussbaumes. Sie schmecken würzig-warm, süßlich-bitter. Klassisch in Kartoffelpüree, hellen Soßen, Spinat und Kohl. Sparsam und erst kurz vor Schluss zugeben!

PAPRIKAPULVER gibt es von fruchtig-mild (edelsüß) bis scharf (Rosenpaprika). Würzt Gulasch, Suppen, Eintöpfe, Soßen, Käse und Wurst. Bei schwacher Hitze nur kurz andünsten, sonst wird's bitter.

PIMENT (Nelkenpfeffer) duftet intensiv, wie Nelken mit etwas Zimt, Muskat und Pfeffer. Gehört klassisch in Marinaden, Schmorgerichte (z. B. Wild), Eintöpfe, Eingelegtes, Fisch und Kompott.

PFEFFER ist ein echtes Allroundgewürz. Schwarzer Pfeffer ist schärfer, weißer feiner, der grüne fruchtig aromatisch. Rosa Pfeffer (rosa Beeren) ist botanisch betrachtet kein Pfeffer, hat ein mildes Aroma.

SAFRANFÄDEN sind die kostbaren Blütennarben des Safrankrokus. Sie sind aromatisch und leicht herb, würzen und färben Reis, Paella/Risotto, Geflügel, Meeresfrüchte, Soßen, Süßspeisen und Gebäck.

STERNANIS sind sternförmige Sammelfrüchte und duften nach Anis. Die brennend würzigen Samen sind köstlich in Kompott/Süßspeisen, Heißgetränken, Rotkohl und chinesischen Gerichten.

VANILLE ist die fermentierte Frucht einer Orchideenart. Ihr blumig-süßliches, feines Aroma veredelt Süßspeisen und Gebäck, ist außergewöhnlich in Risotto, für Meeresfrüchte, Möhren oder Kohlrabi.

WACHOLDERBEEREN sind die bitter-harzigen Früchte eines Zypressengewächses. Unverzichtbar für Kohl/Sauerkraut, Wild, Fleisch, Fischsud, in Marinaden und Beizen. Vorher evtl. zerstoßen.

ZIMT wird aus der Innenrinde des Zimtbaumes gewonnen. Mit seinem süßen, warmen Aroma verfeinert er Süßspeisen, orientalische Fleisch- und Reisgerichte. Nicht zu lange mitkochen, er wird sonst bitter.

Mengenlehre & Abkürzungen

Verwendete Abkürzungen

TL = Teelöffel
EL = Esslöffel
Msp. = Messerspitze
TK = Tiefkühlprodukt
g = Gramm, kg = Kilogramm
l = Liter, ml = Milliliter
Auskühlzeit = vollständig ausgekühlt
Abkühlzeit = etwas abgekühlt
E = Eiweiß
F = Fett
KH = Kohlenhydrate
kcal = Kilokalorien

Die Backzeit und Wartezeiten werden gesondert ausgewiesen und sind in der Zubereitungszeit nicht enthalten. Alle Zeiten (Zubereitungs- und Vorbereitungszeiten, Garzeiten) sind Richtwerte und können je nach persönlichen Fähigkeiten (bzw. der Qualität des Ofens und Herdes) variieren.

Nährwerte

E = Eiweiß (1 g E = 4,1 kcal)
F = Fett (1 g F = 9,3 kcal)
KH = Kohlenhydrate (1 g KH = 4,1 kcal)
kcal = Kilokalorien
kJ = Kilojoule
1 kcal = 4,2 kJ
1 kJ = 0,24 kcal

Umrechnungen

1 l = 1000 ml, ½ l = 500 ml
¼ l = 250 ml, ⅛ l = 125 ml
1 kg = 1000 g, 1 Pfund = 500 g
1 Tasse = 150 ml
1 Schnapsglas = 2 cl = 20 ml
1 Wasserglas = 200 ml

Begriffe

Prise = Menge, die zwischen Daumen und Zeigefinger passt
Messerspitze = Menge an gemahlenen Zutaten, die auf einer Messerspitze haften bleiben
Schuss = kurzes Umkippen einer Flasche über dem Topf

Löffelmaße

1 TL (gestrichen)
Backpulver = 3 g
Mehl = 5 g
Zucker= 5 g
Speisestärke = 3 g
Butter = 5 g
Öl = 3 g
Essig = 3 g
Ketchup/Senf/Mayonnaise = 5 g
süße Sahne = 10 g
Öl = 10 g
Essig = 10 g
fein gehackte Kräuter = 3 g

1 EL (gestrichen)
Mehl = 10 g
Zucker = 15 g
Speisestärke = 8 g
Butter = 10 g
Flüssigkeit = 10 g

1 EL (leicht gehäuft)
Mehl = 15 g
Zucker = 20 g
Speisestärke = 10 g
Butter = 15 g
Ketchup/Senf/Mayonnaise = 15 g

1 EL (gehäuft)
Mehl = 20 g
Zucker = 25 g
Speisestärke = 15 g

Portionsgrößen pro Person

Kartoffeln
Beilage: 150–200 g
Hauptkomponente: 250–300 g

Nudeln (Rohware, ungekocht)
Beilage: 60–80 g
Hauptkomponente: 100–125 g

Reis (Rohware, ungekocht)
Beilage: 60 g
Hauptkomponente: 120 g

Gemüse (Rohgewicht, ungeschält)
Beilage: 150–200 g
Hauptkomponente: 250–400 g

Suppen
Vorspeise: 200–250 ml
Hauptgericht: 350–500 ml

Soßen
zum Essen: 100–125 ml

Fleisch (Rohware, ungegart)
ohne Knochen: 150–200 g
mit Knochen: 200–250 g
Hackfleisch: 125–150 g

Fisch
ohne Gräten: 150–200 g
mit Gräten: 250–300 g

Wer es mit den Mengen ganz genau nimmt, legt lieber alles auf die Waagschale

Suppen und Eintöpfe

Hier sind die schönsten Seelenwärmer versammelt – denn nichts geht über einen heißen Teller selbst gekochter Suppe

Klare Rinderbrühe (Rezept S. 18)

500 g Suppenfleisch vom Rind und **250 g Rinderknochen** mit **1 ½ l Wasser** und **1 TL Salz** aufkochen. Zugedeckt ca. 2 Stunden köcheln, dabei öfter abschäumen.

1 Bund Suppengrün und **1 Zwiebel** putzen, waschen und zerkleinern. Beides nach ca. 1 Stunde Garzeit zur Brühe geben und mitgaren.

Ein großes Sieb mit einem sauberen Küchentuch auslegen und die Brühe in einen zweiten Topf abseihen.

Fleisch in mundgerechte Würfel schneiden und wieder in die Brühe geben. **Etwas Petersilie** und **Schnittlauch** waschen, fein schneiden, zur Brühe geben.

Eierstich (Rezept S. 16)

2 Eier, ⅛ l Milch, Salz, evtl. Pfeffer und **1 Prise Muskat** in einer kleinen Schüssel mit dem Schneebesen verquirlen.

2 Tassen mit **Butter** fetten, Eiermilch einfüllen, Tassen mit **Alufolie** verschließen. Einen weiten Topf ca. 4 cm hoch mit Wasser füllen, Tassen einstellen, erhitzen.

Alles mit aufgelegtem Deckel im heißen Wasserbad 20–30 Minuten stocken lassen, bis die Masse fest ist. Die Eimasse auf ein Brett stürzen, etwas abkühlen lassen.

Eierstich würfeln, in kleine Rauten schneiden oder mit Plätzchenausstechern z. B. Herzen herstellen. Dann in die heiße Brühe geben.

Gemüse-Cremesuppe (Rezept S. 21)

2 EL Fett in einem Topf erhitzen. **1 gewürfelte Zwiebel** darin glasig andünsten und **evtl. 2 EL Mehl** anschwitzen. ¾–1 l **Brühe** einrühren. Alles aufkochen.

500 g Brokkoli putzen, waschen und in Röschen schneiden. Die dicken Stiele können Sie mitverwenden: Gut schälen und in Stücke schneiden.

Die vorbereiteten Brokkoliröschen und -stiele in die kochende Flüssigkeit geben und zugedeckt ca. 12 Minuten garen, bis sie ganz weich sind.

Evtl. 8 Röschen herausnehmen, Suppe mit dem Stabmixer pürieren. **Crème fraîche** einrühren. Mit **Salz, Pfeffer** und **Muskat** abschmecken. Röschen zugeben.

Leipziger Frühlingssuppe mit Klößchen

ZUTATEN FÜR 6–8 PERSONEN

- 1 Bund Suppengrün • 1 Zwiebel
- 1 kg Suppenfleisch vom Rind (z. B. Querrippe oder Brust)
- 1–2 Lorbeerblätter • 1 EL Pfefferkörner
- Salz • Muskat • Pfeffer
- 500 g weißer Spargel
- 300 g Möhren • 1 Kohlrabi (ca. 500 g)
- 300 g grüne Bohnen
- ¼ l Milch • 1 EL Butter
- 125 g Hartweizengrieß
- 2 Eier (Gr. M) • 150 g TK-Erbsen
- 2 Tomaten • 1 Bund Petersilie

1 Suppengrün putzen bzw. schälen, waschen und grob schneiden. Zwiebel schälen, halbieren. Fleisch waschen. Alles mit Lorbeer, Pfefferkörnern, ca. 2 TL Salz und 2 ½–3 l kaltem Wasser aufkochen. Zugedeckt ca. 2 Stunden köcheln. Entstehenden Schaum öfter abschöpfen.

2 Spargel waschen, schälen und die holzigen Enden abschneiden. Spargel in schräge Stücke schneiden. Möhren und Kohlrabi schälen, waschen und in Scheiben bzw. Würfel schneiden. Bohnen waschen, putzen und in Stücke brechen.

3 Milch, Butter, etwas Salz und Muskat aufkochen. Grieß auf einmal zufügen und mit einem Kochlöffel rühren, bis sich die Masse als Kloß vom Topfboden löst. Vom Herd nehmen, ca. 5 Minuten abkühlen lassen. Eier einzeln unterkneten.

4 Von der Grießmasse mit zwei angefeuchteten Teelöffeln Klößchen abstechen. In reichlich kochendem Salzwasser bei schwacher Hitze ca. 10 Minuten gar ziehen lassen. Herausheben, abtropfen.

5 Fleisch aus der Brühe heben. Brühe durchsieben, in einem großen Topf aufkochen. Bohnen darin ca. 5 Minuten garen. Spargel, Möhren, Kohlrabi und Erbsen zufügen und 5–10 Minuten weiterköcheln. Fleisch von Knochen und Fett lösen und fein würfeln. Mit den Grießklößchen in der Suppe erhitzen.

6 Tomaten waschen, vierteln, entkernen und würfeln. Petersilie waschen und hacken. Suppe abschmecken. Hälfte Petersilie zufügen. Suppe mit Tomaten und Rest Petersilie bestreuen.

ZUBEREITUNGSZEIT ca. 2 ¾ Std.
PORTION ca. 320 kcal
28 g E • 12 g F • 23 g KH

Gemüsebrühe mit Schinken-Eierstich

ZUTATEN FÜR 4 PERSONEN

- 2 Eier (Gr. M)
- ⅛ l Milch
- Salz • Pfeffer • Muskat
- 2 EL (ca. 50 g) magere Schinkenwürfel
- Fett für die Förmchen
- 1 kleine Stange Porree (ca. 150 g; Lauch)
- 2 mittelgroße Tomaten
- 1–2 TL Butter/Margarine
- 3 EL flüssige Gemüsebouillon oder 2–3 TL Gemüsebrühe
- Alufolie

1 Eier und Milch verquirlen, würzen. Mit Schinken in zwei gefettete Förmchen oder Tassen (à ca. 125 ml Inhalt) füllen. Mit Alufolie verschließen. Im heißen Wasserbad bei schwacher Hitze 20–30 Minuten stocken lassen.

2 Porree putzen, waschen und in Ringe schneiden. Tomaten waschen, vierteln, entkernen und fein würfeln. Fett in einem Topf erhitzen. Porree darin andünsten und mit ¾ l Wasser ablöschen. Aufkochen, Gemüsebouillon einrühren und Tomatenwürfel zufügen. Ca. 3 Minuten köcheln.

3 Eierstich stürzen, klein schneiden und in vier Suppentassen verteilen. Die heiße Gemüsebrühe einfüllen.

ZUBEREITUNGSZEIT ca. 45 Min.
PORTION ca. 160 kcal
9 g E • 11 g F • 5 g KH

Extra-Tipp

Die Eierstichmasse statt in gefettete Tassen (s. S. 14) in einen Gefrierbeutel füllen. Gut verschließen, damit kein Wasser hineinläuft. Dann direkt in das heiße Wasserbad stellen. Abkühlen lassen, aufschneiden und würfeln.

Pikante Tomatensuppe

ZUTATEN FÜR 6–8 PERSONEN

- 200 g halbweiche getrocknete Aprikosen
- 2 mittelgroße Zwiebeln
- 1 walnussgroßes Stück Ingwer
- 2–3 Möhren
- 3 EL Öl
- Salz • Pfeffer
- 2 Dosen (à 850 ml) Tomaten
- 2 EL klare Brühe
- evtl. 3–4 EL Gin
- einige Stiele Basilikum
- 150–200 g Schlagsahne

1 Aprikosen vierteln. Zwiebeln und Ingwer schälen, hacken. Möhren schälen, waschen und in Scheiben schneiden.

2 Zwiebeln im heißen Öl andünsten. Ingwer und Möhren kurz mitdünsten. Mit Salz und Pfeffer würzen. Tomaten samt Saft zufügen, Tomaten zerdrücken. 1 l Wasser angießen und aufkochen. Brühe und Aprikosen zufügen. Zugedeckt 20–25 Minuten köcheln.

3 Suppe fein pürieren. Evtl. durch ein Sieb streichen und nochmals erhitzen. Abschmecken und mit Gin verfeinern. Basilikum waschen und die Blättchen abzupfen. Sahne halbsteif schlagen. Die Tomatensuppe mit Sahne anrichten und mit Basilikum garnieren.

ZUBEREITUNGSZEIT ca. 45 Min.
PORTION ca. 200 kcal
4 g E • 10 g F • 22 g KH

Rinderbouillon mit Schnittlauchflädle

ZUTATEN FÜR 4 PERSONEN

- 1 Bund Suppengrün
- 1 Zwiebel
- 1 Rinderbeinscheibe (ca. 500 g)
- 1 Lorbeerblatt
- 2–3 Wacholderbeeren
- 1–2 Gewürznelken
- Salz • Pfeffer • Muskat
- 3 gehäufte EL (ca. 45 g) Mehl
- 100 ml Milch
- 1 Ei
- ¼ Bund Schnittlauch
- 2 TL Butter/Margarine

1 Suppengrün putzen bzw. schälen, waschen und die Hälfte grob würfeln. Zwiebel schälen und vierteln. Fleisch waschen. Mit zerkleinertem Suppengrün, Zwiebel, Lorbeer, Wacholder, Nelken, 1 TL Salz und ca. 1 ½ l Wasser in einem großen Topf aufkochen. Zugedeckt ca. 2 Stunden köcheln. Den entstehenden Schaum öfter abschäumen.

2 Inzwischen Mehl, Milch und Ei zu einem glatten Teig verrühren. Mit Salz, Pfeffer und Muskat würzen, ca. 15 Minuten quellen lassen. Schnittlauch waschen, fein schneiden und in den Teig rühren. Fett portionsweise in einer großen Pfanne erhitzen und darin nacheinander 2 Pfannkuchen backen. Aufrollen.

3 Fleisch herausheben und etwas abkühlen lassen. Brühe durchsieben. Mit Salz und Pfeffer abschmecken. Übriges Suppengrün in feine Streifen schneiden und in der Brühe ca. 5 Minuten garen. Fleisch fein würfeln und darin erhitzen. Pfannkuchen in Scheiben schneiden, auf Teller verteilen und vorsichtig mit der Bouillon übergießen.

ZUBEREITUNGSZEIT ca. 2 ¼ Std.
PORTION ca. 200 kcal
18 g E • 8 g F • 12 g KH

Sahnige Erbsensuppe mit bunten Beilagen

ZUTATEN FÜR 6–8 PERSONEN

- 2 mittelgroße Zwiebeln
- 1–2 EL Öl
- 1 TL getrockneter Majoran
- 500 g getrocknete grüne Schälerbsen
- 3 EL Gemüsebrühe
- 300 g TK-Erbsen
- 200 g + 100 g Schlagsahne
- Salz • Pfeffer
- evtl. Petersilie zum Garnieren

Bunte Beilagen

- 150 g Kabanossi oder Mettenden
- 100 g dünne Scheiben Frühstücksspeck (Bacon)
- 3 Scheiben Weißbrot oder Toast
- 150 g geräucherter Lachs
- 1 Bund Schnittlauch
- 3 EL Mandelblättchen
- 3 EL Kürbiskerne
- 100–150 g Krabbenfleisch

1 Zwiebeln schälen und grob würfeln. Öl in einem großen Topf erhitzen und die Zwiebeln darin andünsten. Majoran zufügen und mit 2 l Wasser ablöschen. Schälerbsen abspülen und mit Brühe hineingeben. Alles zugedeckt gut 1 Stunde köcheln.

2 Inzwischen für die Beilagen Wurst in Scheiben schneiden, Speckscheiben dritteln, Brot würfeln und den Lachs in Streifen schneiden. Schnittlauch waschen und in Röllchen schneiden.

3 Mandeln und Kürbiskerne in einer Pfanne rösten, herausnehmen. Anschließend Speck knusprig braten und dann die Wurst kurz anbraten. Beides zur Seite stellen. Im Speckfett die Brotwürfel rösten. Alle Beilagen separat in Schälchen anrichten.

4 Die Suppe fein pürieren. TK-Erbsen und 200 g Sahne einrühren, aufkochen und alles ca. 5 Minuten köcheln. Suppe mit Salz und Pfeffer abschmecken. Die übrige Sahne halbsteif schlagen, unter die Suppe ziehen und mit Schnittlauch und Petersilie garnieren. Die Beilagen extra dazustellen.

ZUBEREITUNGSZEIT ca. 1 ½ Std.
PORTION ca. 690 kcal
49 g E • 32 g F • 46 g KH

Spargelsuppe mit Kalbsklößchen

ZUTATEN FÜR 6–8 PERSONEN

- 1 kg weißer Spargel
- 200 g Ciabatta
- Salz • Zucker • weißer Pfeffer
- 50 g Butter
- 50 g Mehl
- 250 g Schlagsahne
- 6–8 EL Olivenöl
- 3 feine Kalbsbratwürste (ca. 350 g)
- 1 TL Brühe
- 2 TL Zitronensaft
- 2–3 Eigelb
- ½ Bund Schnittlauch

1 Spargel waschen, schälen und holzige Enden abschneiden. Enden und Schalen mit gut 1 ½ l Wasser aufkochen. Offen ca. 10 Minuten köcheln. Spargel in kleine Stücke schneiden. Ciabatta in 24 sehr dünne Scheiben schneiden. Spargelschalen abtropfen lassen, Fond dabei auffangen. Mit etwas Salz und 1 TL Zucker aufkochen. Spargel darin zugedeckt ca. 3 Minuten garen. Spargel herausheben und Fond aufbewahren.

2 Butter erhitzen. Mehl darin anschwitzen. Fond und Sahne einrühren, aufkochen. Ca. 5 Minuten köcheln.

3 4–6 EL Öl portionsweise in einer Pfanne erhitzen. Brot darin von beiden Seiten rösten, herausnehmen. 2 EL Öl in der Pfanne erhitzen. Wurstbrät direkt aus der Haut als Klößchen hineindrücken. Rundherum 2–3 Minuten braten.

4 Suppe mit Brühe, Salz, Pfeffer, Zitronensaft, und 1 Prise Zucker abschmecken. Eigelb und 3 EL Wasser verquirlen. Vorsichtig in die Suppe rühren (legieren). Nicht mehr kochen!

5 Spargel und Klößchen in der Suppe erwärmen. Schnittlauch waschen und fein schneiden. Suppe mit Schnittlauch und Ciabattachips anrichten. Übrige Brotchips extra dazureichen.

ZUBEREITUNGSZEIT ca. 1 Std.
PORTION ca. 450 kcal
11 g E • 35 g F • 20 g KH

Brokkolisuppe mit Croûtons

ZUTATEN FÜR 4 PERSONEN

- **1 mittelgroße Zwiebel**
- **1 Knoblauchzehe**
- **500 g Brokkoli**
- **4 EL Butter/Margarine**
- **2–3 TL Gemüsebrühe**
- **2–3 Scheiben Toast**
- **Salz • Pfeffer • Muskat**
- **½ Bund Petersilie (z. B. glatte)**
- **150 g Crème fraîche oder Schlagsahne**

1 Zwiebel und Knoblauch schälen, hacken. Brokkoli putzen, waschen und in Röschen teilen. Dicke Stiele schälen und klein schneiden.

2 2 EL Fett erhitzen. Zwiebel und Knoblauch darin andünsten. Brokkoli kurz mit andünsten. Gut ¾ l Wasser angießen, aufkochen und Brühe einrühren. Zugedeckt ca. 15 Minuten garen.

3 Toast würfeln. 2 EL Fett in einer Pfanne erhitzen. Brotwürfel darin unter Wenden goldbraun rösten. Mit Salz würzen, herausnehmen. Petersilie waschen und in feine Streifen schneiden.

4 Brokkoli in der Brühe mit dem Stabmixer pürieren. Crème fraîche einrühren. Suppe mit Salz, Pfeffer und Muskat abschmecken. Mit Petersilie und Croûtons anrichten.

ZUBEREITUNGSZEIT ca. 40 Min.
PORTION ca. 260 kcal
5 g E • 20 g F • 12 g KH

Extra-Tipp

Sie können die Suppe mit Räucherlachsstreifen verfeinern. Lachs dann am besten erst ganz zum Schluss mit den Croûtons auf der heißen Suppe verteilen.

Scharfe Mitternachtssuppe

ZUTATEN FÜR 8–10 PERSONEN

- **1 Dose (850 ml) weiße Bohnenkerne (oder s. Tipp rechts)**
- **1 große Stange Porree (ca. 250 g; Lauch)**
- **1 große Zwiebel**
- **2 Knoblauchzehen**
- **3–4 EL Öl**
- **1 kg gemischtes Hack**
- **Salz • Pfeffer • Rosenpaprika**
- **2 EL Mehl**
- **1 Dose (850 ml) Tomaten**
- **250 ml Zigeunersoße (Flasche)**
- **2 EL Brühe**
- **2 Packungen (à 250 g) Minikabanossi**

1 Weiße Bohnen abspülen und abtropfen lassen. Porree putzen, waschen und in Ringe schneiden. Zwiebel und Knoblauch schälen und hacken.

2 Öl im großen Topf erhitzen. Hack darin krümelig anbraten und würzen. Porree, Zwiebel und Knoblauch mit anbraten. Mit Mehl bestäuben und kurz anschwitzen. Tomaten samt Saft, 1 l Wasser und Zigeunersoße einrühren. Die Tomaten etwas zerkleinern.

3 Alles aufkochen, Brühe, Kabanossi und Bohnen zufügen. Ca. 15 Minuten köcheln, ab und zu umrühren. Die Suppe feurig abschmecken. Dazu schmeckt frisches Bauernbrot.

ZUBEREITUNGSZEIT ca. 1 Std.
PORTION ca. 590 kcal
36 g E • 41 g F • 16 g KH

Extra-Tipps

- So geht's mit getrockneten Bohnen: 250 g weiße Bohnen in 1 ½ l Wasser über Nacht einweichen. Am nächsten Tag im Einweichwasser aufkochen und ca. 1 ½ Stunden garen. Dann abgießen und wie im Rezept weiterverfahren.
- Die Mitternachtssuppe macht sich gut auf dem Partybuffet. Wenn Sie sie bereits einige Tage vorher vorbereiten möchten, am besten einfrieren, da auch gegartes Hack recht schnell verdirbt.

Kartoffelschnitz und Spätzle

ZUTATEN FÜR 4 PERSONEN

- 1 große Zwiebel
- 500 g Suppenfleisch vom Rind (z. B. Querrippe oder Brust)
- Salz • Pfeffer
- 1 Lorbeerblatt
- 1 Gewürznelke
- ½ TL Pfefferkörner
- 300 g Knollensellerie
- 2 Möhren
- 500 g Kartoffeln
- ½ Bund Petersilie
- 175 g Mehl
- 2 Eier (Gr. M)

1 Zwiebel halbieren. Die Hälften mit der Schnittfläche nach unten in einem Topf ohne Fett kräftig anrösten. Fleisch waschen, in den Topf geben. Ca. 2 l Wasser, 2 TL Salz und Gewürze zufügen, aufkochen. Bei schwacher Hitze ca. 2 Stunden köcheln. Den entstehenden Schaum öfter abschöpfen.

2 Sellerie, Möhren und Kartoffeln schälen, waschen und würfeln. Petersilie waschen und fein hacken.

3 Mehl, Eier, ½ TL Salz und ca. 75 ml Wasser zu einem dickflüssigen Teig verrühren. Mit einem Kochlöffel so lange schlagen, bis der Teig Blasen bekommt. Teig portionsweise durch eine Spätzlepresse in reichlich kochendes Salzwasser drücken. Sobald die Spätzle oben schwimmen, mit einer Schaumkelle herausheben und gut abtropfen lassen.

4 Fleisch aus der Suppe heben und würfeln. Suppe durch ein Sieb gießen. Kartoffeln, Gemüse und Fleisch in der Brühe ca. 20 Minuten garen. Spätzle zufügen und nochmals erhitzen. Mit Salz und Pfeffer abschmecken. Mit Petersilie bestreuen.

ZUBEREITUNGSZEIT ca. 3 Std.
PORTION ca. 430 kcal
28 g E • 13 g F • 48 g KH

Linseneintopf mit Birnen und Kochwurst

ZUTATEN FÜR 4 PERSONEN

- 1 große Zwiebel
- 1 großes Bund Suppengrün
- 100 g geräucherter durchwachsener Speck
- 1 EL Öl
- 2–3 Zweige frischer oder 1 TL getrockneter Thymian
- 250 g Tellerlinsen
- 4 Birnen (ca. 750 g) oder s. Tipp
- 4 Kochwürste oder Mettenden (à ca. 75 g)
- Salz • Pfeffer
- 1–2 EL weißer Balsamico-Essig
- ½ Bund Petersilie

1 Zwiebel schälen und würfeln. Suppengrün putzen bzw. schälen und waschen. Möhren und Sellerie klein würfeln, Porree in feine Ringe schneiden. Speck in Scheiben schneiden.

2 Öl in einem Topf erhitzen. Speck darin anbraten. Zwiebel und Suppengemüse kurz mit andünsten. Thymian waschen und die Blättchen abzupfen. Linsen abspülen. Beides mit 1 ½ l Wasser zufügen und aufkochen. Zugedeckt bei schwacher Hitze ca. 25 Minuten köcheln.

3 Birnen waschen. Mit den Kochwürsten zum Eintopf geben, aufkochen und 20–25 Minuten weitergaren.

4 Würste herausnehmen, in Scheiben schneiden und wieder zugeben. Eintopf mit Salz, Pfeffer und Essig abschmecken. Petersilie waschen, grob hacken und darüberstreuen.

ZUBEREITUNGSZEIT ca. 1 ¼ Std.
PORTION ca. 770 kcal
35 g E • 41 g F • 61 g KH

Extra-Tipp

Als Birnen eignen sich am besten die festen Kochbirnen, die man auch für den norddeutschen Klassiker „Birnen, Bohnen und Speck“ verwendet. Es gibt sie allerdings nur im August und September.

Die besten Salate

Knackig-frisch, abwechslungsreich und gesund – die bunte Auswahl reicht von edler Vorspeise bis zum Sattmacher

KOPFSALAT ist im Frühjahr aus dem Freiland am besten. Dann wird er oft preiswert angeboten.

EICHBLATTSALAT hat dekorative Blätter, die an Eichenlaub erinnern. Er hat von Mai bis Oktober Saison.

ROMERSALAT ist wegen seiner knackigen Struktur sehr beliebt. Auch als Miniausgabe erhältlich.

EISBERGSALAT stammt aus Kalifornien. Beim Transport bedeckte man ihn mit Eis – daher der Name.

Kleine Sortenkunde

Eichblattsalat besitzt ein dezent haselnussiges Aroma und einen frischen Geschmack ohne Bitterstoffe. Seine zarten Blätter vertragen am besten ein leichtes Dressing.
Eisbergsalat hat feste, fleischige, knackige Blätter. Er harmoniert mit süßen, fruchtigen und kernigen Zutaten: Käse, Speck und Schinken.
Endiviensalat gehört zu den Zichoriengewächsen. Er enthält einige Bitterstoffe. Kombiniert man ihn mit süßlichem Obst, wird der leicht herbe Geschmack gemildert.
Feldsalat mit seinem nussigen Aroma schmeckt allein, aber auch mit anderen Salaten, Pilzen, Speck und Brotwürfeln.
Friséesalat ist eine krausblättrige Züchtung und sehr dekorativ. Die knackigen Blätter schmecken würzig-bitter.
Kopfsalat mit seinen zarten, weichen Blättern ist nur kurz lagerfähig. Er verträgt Vinaigrette sowie leichte Joghurt- und Sahnesoßen. Kräuter geben ihm Würze.
Lollo rosso/bianco ist ein Pflücksalat mit kräftigen, gekrausten Blättern, die beim Rosso dunkelrot bis blauviolett sind. Am besten mit leichten Soßen servieren, die seine nussige Note unterstreichen.
Radicchio mischt man gern mit anderen Salaten und Obst. Zitrusfrüchte und Nussöle sind ideale Partner für diese bittere Sorte.
Romanasalat hat herzhafte, knackige Blätter, die man gut in Streifen schneiden kann. Cremige Dressings passen am besten dazu. Berühmt ist er als Caesar Salad.
Rucola (Rauke) enthält Senföle und schmeckt intensiv würzig bis scharf. Passt prima zu Tomaten-, Kartoffel- und Mischsalaten.

Einkaufstipps

Am besten ganz frische Ware einkaufen! Die Schnittstellen sollten nicht bräunlich verfärbt sein. Salat enthält weniger Nitrat, wenn Sie Freiland- oder Bioware kaufen. Bei Treibhaussalat steckt Nitrat vor allem in den dicken Blattrippen, diese darum am besten herausschneiden.

Aufbewahrung

Blattsalate so bald wie möglich verzehren. Bis zur Zubereitung in große Folienbeutel legen oder in ein feuchtes Geschirrtuch wickeln und ins Gemüsefach des Kühlschranks legen.

Serviertipps

Erst vorm Servieren die Blätter mit dem Dressing mischen. Frische Kräuter und Croûtons beim Anrichten überstreuen.

Topping-Parade

GERÖSTETE CROÛTONS

Geröstete Toastscheiben in kleine Würfel (1 x 1 cm) schneiden oder Weißbrot vom Vortag würfeln und in heißer Butter oder in Olivenöl mit gehacktem Knoblauch goldbraun rösten. Mit Salz würzen.

VIERMAL KNUSPRIG

1 Croûtons (s. o.) mit Edelsüß-Paprika oder Kräutern würzen.
2 Grissini (italienische Teigstangen) mit Sesam oder Mohn in schräge Scheiben schneiden.
3 Dünne Baguettescheiben auf dem Backblech ausbreiten, mit Käse oder Kräuterbutter backen.
4 Kernemix oder Nussblättchen in der Pfanne rösten.

KNACKIG UND GESUND

Frische Sprossen sind ein guter Vitamin- und Mineralstoffspender und geben dem Salat zusätzlich Biss. **Erbsensprossen** (Kaiserspargel; s. Foto) schmecken wie Erbsenschoten. **Alfalfasprossen** verleihen dem Salat eine nussige Note. Feine **Radieschensprossen** bringen durch Senföle leichte Schärfe. Schnell verbrauchen (s. Haltbarkeitsdatum).

RADICCHIO ist 125–600 g schwer und sehr vitamin- und mineralstoffreich. Dekorativ in Mischsalaten.

RUCOLA (RAUKE) gibt es ganzjährig. Die Blättchen werden als Salat oder Würzkraut verwendet.

FELDSALAT hat im Winter Saison. Bevorzugen Sie Freiland- oder Bioware, denn sie ist nitratarm.

Kopfsalat vorbereiten (Rezept S. 28)

Die äußeren Blätter von Kopfsalat sind oft welk und stark verschmutzt. Diese entfernen und wegwerfen. Übrige Blätter einzeln vom Strunk ablösen.

Den Salat in kaltem Wasser gründlich waschen. Freilandware kann sehr sandig sein, daher evtl. mehrmals waschen.

Dann in der Salatschleuder trocken schleudern. Wer keine hat, nimmt ein großes Abtropfsieb und legt ein Küchentuch fest darüber. Dann gut ausschütteln.

Die Blätter einzeln in mundgerechte Stücke zupfen oder schneiden. Festere Salatsorten wie Eisberg- oder Römersalat besser in Streifen schneiden.

Chicorée vorbereiten

Zum Putzen vom Strunk das trockene braune Ende abschneiden und schadhafte Außenblätter entfernen. Kleinere dunkle Stellen abschneiden.

Je nach Rezept die Chicoréekolben mit einem langen Messer der Länge nach durchschneiden.

Den festen Strunk keilförmig herausschneiden. Bei manchen älteren Sorten schmeckt er bitter, bei heutigen Züchtungen kann man ihn mitessen.

Für Salat ganze Kolben von der Spitze her quer in Streifen schneiden. Damit sie nicht braun anlaufen, rasch mit Zitronensaft oder Vinaigrette mischen.

Vinaigrette zubereiten

3 EL Weißweinessig, Salz, Pfeffer und **1 Prise Zucker oder etwas Honig** verrühren. **Evtl. 1 TL Senf** unterrühren.

3 EL hochwertiges Öl (z. B. kalt gepresstes Olivenöl) mit einem Schneebesen kräftig darunterschlagen.

1 kleine Zwiebel schälen, hacken. Nach Geschmack **frische Kräuter** wie Schnittlauch, Basilikum oder Petersilie waschen und fein schneiden. Alles unterrühren.

So gelingt's im Salat-Shaker oder Schraubglas: Alle Zutaten einfüllen, fest verschließen, ca. 1 Minute kräftig schütteln. Hält sich im Kühlschrank ca. eine Woche.

Gemischter Blattsalat mit Bergkäse

ZUTATEN FÜR 4 PERSONEN

- 50 g Haselnusskerne
- 1 Bund Schnittlauch
- 1 kleine Zwiebel
- 4 EL Apfelessig
- Salz • Pfeffer
- 1 EL flüssiger Honig
- 3–4 EL Öl (davon evtl. 2 EL Nussöl)
- 1 Bund Radieschen
- 250 g gemischter Blattsalat (z. B. Rucola, Kopfsalat und Lollo rosso)
- 75–100 g Tiroler Bergkäse oder Emmentaler (Stück)

1 Haselnüsse grob hacken. In einer Pfanne ohne Fett goldbraun rösten. Herausnehmen und abkühlen lassen. Schnittlauch waschen und in Röllchen schneiden. Zwiebel schälen und fein würfeln. Essig, Salz, Pfeffer, Honig und Öl kräftig verschlagen. Schnittlauch, Nüsse und Zwiebel unterrühren.

2 Radieschen und Salat putzen und waschen. Radieschen in feine Scheiben schneiden, Salat gut abtropfen lassen und in Stücke zupfen oder schneiden.

3 Salat und Radieschen mit der Vinaigrette mischen. Käse in feine Späne hobeln und darauf verteilen. Dazu schmeckt Schüttelbrot oder Baguette. **Getränk:** Weißwein, z. B. Chardonnay.

ZUBEREITUNGSZEIT ca. 25 Min.
PORTION ca. 360 kcal
14 g E • 29 g F • 9 g KH

Extra-Tipp

Falls Sie Salat übrig behalten haben, bereiten Sie gleich etwas mehr Dressing zu. Beides hält sich im Kühlschrank 1–2 Tage frisch.

Schichtsalat mit Chili-Beef

ZUTATEN FÜR 4–6 PERSONEN

- 400 g stichfeste saure Sahne oder Schmand
- 4 EL Milch
- 4 EL Weißweinessig
- 2 EL Senf (z. B. je 1 EL grober und mittelscharfer)
- Salz • Pfeffer • Zucker
- 1 Salatgurke
- 400 g Möhren
- 1 Eisbergsalat
- 1 große Zwiebel
- 500 g Huft- oder Beefsteak
- 2 EL Öl
- ca. ½ TL Sambal Oelek

1 Für die Salatsoße saure Sahne, Milch, Essig und Senf verrühren. Mit Salz, Pfeffer und 1 Prise Zucker abschmecken.

2 Gurke putzen, waschen und in dünne Scheiben schneiden oder hobeln. Möhren schälen, waschen und raspeln. Salat putzen, waschen und in Streifen schneiden. Vorbereitete Salatzutaten und Salatsoße abwechselnd in eine hohe Glasschale schichten. Mit Soße abschließen.

3 Zwiebel schälen und in Ringe schneiden. Fleisch trocken tupfen und in Streifen schneiden. In 1 EL heißem Öl rundherum ca. 4 Minuten braten, herausnehmen. 1 EL Öl im Bratfett erhitzen. Zwiebelringe darin goldbraun braten. Fleisch wieder zugeben und beides mit Salz und Sambal Oelek würzen. Auf dem Schichtsalat anrichten.
Getränk: Bier, z. B. Pils.

ZUBEREITUNGSZEIT ca. 30 Min.
PORTION ca. 250 kcal
22 g E • 13 g F • 11 g KH

Bohnensalat mit Hähnchenspieß

ZUTATEN FÜR 4 PERSONEN

- 500 g grüne Bohnen
- Salz • Pfeffer • evtl. Zucker
- 1 TL getrocknetes Bohnenkraut
- 1 Dose (425 ml) weiße Bohnenkerne
- 200 g Pfifferlinge
- 1 Zwiebel
- 10 Scheiben roher Schinken
- 3 EL Öl
- ½ TL getrockneter Thymian
- 5 EL Essig (z. B. Sherryessig)
- 4–5 Stiele Salbei
- 500 g Hähnchenfilet
- 200 g Kirschtomaten
- 8 Holzspieße

1 Grüne Bohnen putzen, waschen und halbieren. In kochendem Salzwasser mit Bohnenkraut ca. 15 Minuten garen. Dann abschrecken und abtropfen lassen. Weiße Bohnen abspülen, abtropfen lassen. Pfifferlinge putzen, evtl. waschen und trocken tupfen. Zwiebel schälen, würfeln. 2 Scheiben Schinken in feine Streifen schneiden. In 1 EL heißem Öl knusprig braten, herausnehmen.

2 Pfifferlinge im heißen Bratfett unter Wenden 5–6 Minuten braten. Zwiebel und Thymian kurz mitbraten. Mit Salz und Pfeffer würzen. Mit 100 ml Wasser und Essig ablöschen, aufkochen und die Schinkenstreifen zufügen. Heiße Marinade und alle Bohnen mischen und ca. 1 Stunde ziehen lassen.

3 Übrige Schinkenscheiben halbieren. Salbei waschen, Blättchen abzupfen. Fleisch waschen, trocken tupfen und in ca. 16 Stücke schneiden. Jeweils mit Salbei belegen und mit Schinken umwickeln. Je 2 Fleischstücke auf 1 Spieß stecken und in 2 EL heißem Öl rundherum 6–8 Minuten braten.

4 Tomaten waschen, halbieren und unter den Salat heben. Salat abschmecken. Spieße mit Pfeffer und wenig Salz würzen und darauf anrichten.
Getränk: Weißweinschorle.

ZUBEREITUNGSZEIT ca. 1 Std.
MARINIERZEIT ca. 1 Std.
PORTION ca. 390 kcal
41 g E • 16 g F • 17 g KH

Steakhouse-Salat mit Putenstreifen

ZUTATEN FÜR 4 PERSONEN

- 2 Minirömersalate
- 1 große rote Paprikaschote
- 1 mittelgroße Zwiebel
- 2 Putenschnitzel (ca. 300 g)
- 3 EL Öl
- Salz • Pfeffer • Zucker
- 3 EL Essig (z.B. weißer Balsamico)
- 2 Scheiben Vollkorntoast
- 50 g Parmesan (Stück)

1 Salat putzen, waschen und in Streifen schneiden. Paprika putzen, waschen und fein würfeln. Zwiebel schälen, fein hacken. Schnitzel waschen, trocken tupfen und in Streifen schneiden.

2 1 EL Öl in einer Pfanne erhitzen. Fleisch darin rundherum 3–4 Minuten braten. Mit Salz und Pfeffer würzen, herausnehmen. 1 EL Öl im Bratfett erhitzen. Zwiebel darin andünsten. Mit 2–3 EL Wasser und Essig ablöschen. Mit Salz, Pfeffer und etwas Zucker abschmecken. Marinade lauwarm abkühlen lassen.

3 Toast würfeln oder in Rauten schneiden. In 1 EL heißem Öl knusprig braten, salzen und herausnehmen. Vom Käse Späne abhobeln oder Käse grob reiben. Salatstreifen, Paprika und Schnitzel mit der Marinade mischen. Croûtons und Käse darüberstreuen.
Getränk: Bier, z.B. Weizenbier.

ZUBEREITUNGSZEIT ca. 30 Min.
PORTION ca. 250 kcal
25 g E • 12 g F • 9 g KH

Extra-Tipp

Schön würzig werden die Croûtons, wenn Sie gehackten Knoblauch mitbraten oder noch Edelsüß-Paprika darüberstreuen.

Feuriger Tomatensalat mit Hähnchenfilet

ZUTATEN FÜR 4–6 PERSONEN

- 4 Hähnchenfilets (à ca. 150 g)
- 10–12 EL Olivenöl
- Salz • grober Pfeffer
- 1,2 kg reife Tomaten (z. B. Strauch-, Fleisch- und Flaschentomaten, rote und gelbe Kirschtomaten, grüne und schwarze Tomaten)
- 1 kleine Gemüsezwiebel
- 1 grüne Paprikaschote
- 2 frische grüne Peperoni
- 1 Bund Petersilie
- 6–8 EL weißer Balsamico-Essig
- 1–2 Spritzer Tabasco
- Zucker

1 Fleisch waschen und trocken tupfen. In 2 EL heißem Öl von jeder Seite 6–7 Minuten braten. Mit Salz und Pfeffer würzen. Herausnehmen und abkühlen lassen.

2 Tomaten putzen, waschen und je nach Größe halbieren, vierteln, in Spalten oder Scheiben schneiden. Zwiebel schälen und fein würfeln. Paprika putzen, waschen und in Stücke schneiden. Peperoni längs halbieren, putzen, waschen und in feine Streifen schneiden. Petersilie waschen und fein hacken.

3 Für die Vinaigrette Essig, Salz, Pfeffer, Tabasco und etwas Zucker verquirlen. 8–10 EL Öl kräftig darunterschlagen. Vorbereitete Salatzutaten und Vinaigrette mischen, nochmals abschmecken. Filets aufschneiden und darauf anrichten.
Getränk: Cidre oder Bier.

ZUBEREITUNGSZEIT ca. 40 Min.
PORTION ca. 310 kcal
25 g E • 19 g F • 8 g KH

Tomaten richtig putzen

Grüne Stellen und die Stielansätze von Tomaten enthalten leicht giftiges Solanin, das in größeren Mengen Übelkeit und Kopfschmerzen verursachen kann. Daher am besten beim Putzen entfernen.

Feldsalat mit Brie und Honigbirnen

ZUTATEN FÜR 4 PERSONEN

- 3 EL Walnusskerne
- 3 EL Butter
- 2 reife Birnen (à ca. 225 g)
- 5–6 EL Honig
- 75 ml weißer Balsamico-Essig
- 150–200 g Feldsalat
- 1–2 Rote Beten (250 g)
- 150 g Brie oder Camembert
- Salz • Pfeffer
- 2–3 EL Öl (z. B. Walnussöl)

1 Walnüsse grob hacken. 1 EL Butter in einer großen Pfanne erhitzen. Nüsse darin unter Wenden anrösten. Herausnehmen und auskühlen lassen.

2 Birnen waschen, vierteln, entkernen, in dünne Spalten schneiden. 2 EL Butter in der Pfanne erhitzen. Birnen darin unter Wenden andünsten. Honig zufügen und erhitzen. Mit Essig ablöschen, kurz aufkochen. Pfanne vom Herd nehmen, Birnen im Sud auskühlen lassen.

3 Feldsalat waschen, trocken schleudern und putzen. Rote Beten putzen, schälen und in sehr feine Stifte schneiden oder grob raspeln. Käse klein würfeln.

4 Birnen aus dem Sud heben. Mit Salat, Roten Beten und Käse vorsichtig mischen. Birnensud mit Salz und Pfeffer würzen. Öl kräftig darunterschlagen. Marinade über den Salat träufeln. Auf Tellern anrichten, mit Nüssen bestreuen.
Getränk: halbtrockener Weißwein, z. B. Chardonnay.

ZUBEREITUNGSZEIT ca. 40 Min.
PORTION ca. 410 kcal
12 g E • 26 g F • 28 g KH

Extra-Tipp

Feldsalat schmeckt besonders gut mit kräftigen Zutaten wie Speck, Räucherfisch, Käse oder Senf. Auch Früchte wie Apfel, Birne oder Orange harmonieren prima. Ebenso passen Nüsse, Kürbiskerne und knusprige Brotcroûtons.

Salat mit gebratenem Kürbis und Schinken

ZUTATEN FÜR 6–8 PERSONEN

- 4 Schalotten oder 2 kleine Zwiebeln
- 1 Hokkaido-Kürbis (ca. 850 g)
- 2 EL Kürbiskerne
- 6 EL Olivenöl
- Salz • Pfeffer • Zucker
- 8–10 EL weißer Balsamico-Essig
- 2 Eichblattsalate (ca. 600 g)
- 150 g Schwarzwälder Schinken (sehr dünne Scheiben)
- 3–4 EL Kürbiskernöl

1 Schalotten schälen und fein würfeln. Kürbis waschen, vierteln und entkernen. Kürbis nach Belieben in schmale Spalten oder Stücke schneiden. Kürbiskerne in einer Pfanne ohne Fett rösten, herausnehmen.

2 Olivenöl erhitzen. Kürbis darin 6–8 Minuten braten. Schalotten zufügen und kurz mitbraten. Mit Salz und Pfeffer würzen. 1 TL Zucker darüberstreuen und schmelzen lassen. Mit Essig ablöschen. Kürbis in der Marinade auskühlen lassen.

3 Salat putzen, waschen und gut abtropfen lassen. Salatblätter kleiner zupfen und mit Kürbis samt Marinade mischen. Schinken zerzupfen. Mit dem Salat in einer großen Schale anrichten. Kürbiskernöl darüberträufeln und mit den Kürbiskernen bestreuen.
Getränk: Bier, z. B. Radler.

ZUBEREITUNGSZEIT ca. 40 Min.
AUSKÜHLZEIT ca. 30 Min.
PORTION ca. 190 kcal
7 g E • 14 g F • 7 g KH

Extra-Tipp

Einen Hokkaido-Kürbis brauchen Sie nicht zu schälen. Die Schale eines Gartenkürbisses hingegen ist ungenießbar – diesen erst nach dem Schälen wiegen!

Gemüse willkommen!

Frisches der Saison steckt voller Vitamine und Geschmack – wie herrlich gut es schmeckt, zeigen diese tollen Rezepte

TOMATEN gibt es in vielen Größen, Formen und Farben. Bei Raumtemperatur reifen sie noch nach.

WINTERSPINAT muss gründlich geputzt und gewaschen werden. Er schmeckt als Beilage oder Füllung.

BUNDMÖHREN sind besonders schlank und zart. Man kann sie auch prima im Ganzen dünsten.

WEISSEN SPARGEL am besten sofort verarbeiten. In ein feuchtes Tuch gewickelt hält er sich einen Tag.

Fruchtgemüse

Tomaten schmecken am besten im Sommer aus dem Freiland. **Kirschtomaten** sind süßlich, **Flaschentomaten** besonders aromatisch und toll für Soßen. **Fleischtomaten** werden bis zu 500 g schwer und lassen sich gut füllen. **Paprika** gibt es in Rot, Grün, Gelb, Orange und Violett. Die grünen Schoten haben einen herberen Geschmack. **Auberginen** schmecken gebraten, gegrillt und geschmort. **Gurken** sind sehr wasserreich und daher kalorienarm. **Salatgurken** isst man roh, **Schmorgurken** werden als Gemüse gegart. **Kürbisse** können bis zu 50 kg erreichen. Das Fruchtfleisch schmeckt in Suppen, als Gemüse oder Kompott. **Zucchini** sind recht neutral und daher besonders vielseitig in der Küche.

Blattgemüse

Spinat fällt je nach Jahreszeit unterschiedlich aus: Im Frühjahr und Sommer hat er kleine, etwas zartere Blätter und eine hellere Farbe. Die feinen Stiele kann man, z. B. im Salat, mitessen (wird oft als „Babyspinat" angeboten). Winterspinat (s. Foto oben) hat eine kräftig grüne Farbe, feste Stiele und Wurzeln, die man beim Vorbereiten entfernen sollte. Da er oft sandig ist, muss man ihn mehrmals waschen. Spinat hat eine sehr kurze Garzeit, man lässt ihn nur wenige Minuten in kochendem Salzwasser zusammenfallen. Beim **Stielmangold** kann alles mitgegessen werden. Allerdings trennt man die Stiele vom Blatt und dünstet sie getrennt, da sie eine längere Garzeit benötigen. Manche Mangoldsorten haben farbige Stiele.

Wurzel- und Knollengemüse

Möhren werden im Frühjahr als Bundmöhren mit Grün angeboten. Im Herbst und Winter gibt es die Spät- oder Dauermöhren, die gewaschen verkauft werden. **Sellerie** wird als Wurzelknolle fast das ganze Jahr über angeboten. Achten Sie beim Kauf darauf, dass sie keine Nebenwurzeln hat. **Rote Beten** sind mit der Zuckerrübe verwandt. Die frischen Knollen lassen sich roh oder gekocht zu Gemüse, Salat oder Eintopf verarbeiten. Praktisch sind vorgegarte Knollen im Vakuumpack. **Rettich** schmeckt am besten frisch, hauchdünn geschnitten und gesalzen. **Radieschen** werden bundweise angeboten. Zum Lagern im Kühlschrank Grün entfernen, sonst schrumpeln die Knollen.

Stängelgemüse

Spargel ist das feinste und teuerste Gemüse. Deutscher Spargel wird nur von April bis zum 24. Juni (Johannitag) angeboten. **Weißer Spargel** wird gestochen, bevor der Kopf aus der Erde kommt. Die Stangen müssen fest sein, die Schnittstellen hell und saftig. **Grüner Spargel** hat durch die oberirdische Ernte Chlorophyll gebildet, das für den würzigeren Geschmack verantwortlich ist. **Stauden- oder Bleichsellerie** gibt es ganzjährig. Beim Kauf auf frisches Blattgrün und knackige Stangen achten. Auch **Gemüsefenchel** gehört zum Stängelgemüse. Man unterteilt in zwei Sorten: Florentiner Fenchel hat längliche Knollen, Neopalitaner ist gedrungen und hat ein ausgeprägtes Anisaroma. Man isst ihn roh im Salat oder gedünstet.

Clever einkaufen, gesünder essen

Kaufen Sie Gemüse und Obst am besten **mehrmals die Woche** ein. Je frischer das Gemüse ist, umso mehr Vitalstoffe enthält es. Langes Lagern, besonders unter ungünstigen Bedingungen, führt zum Verlust an Vitaminen und Mineralstoffen. Damit diese nicht schon beim Transport verloren gehen, wählen Sie das **Angebot aus der Region** und **Sorten der Saison.** Beides ist nicht nur frischer und umweltfreundlicher, sondern es ist oftmals auch preiswerter.

Bevorzugen Sie Gemüseabteilungen von Supermärkten, die täglich beliefert werden. Auf Wochenmärkten oder in Hofläden kaufen Sie **direkt vom Erzeuger.** Auch toll: Ein **Gemüsekisten-Abo** liefert frische saisonale Ware.

Aus der Kälte in den Vorrat

Tiefkühlgemüse ist eine tolle Alternative zu frischem Grün. Die Hersteller garantieren, dass die Ernte direkt vom Feld in die Verarbeitung gelangt und die Nährstoffe so optimal erhalten bleiben. Oft ist die Qualität von TK-Gemüse besser als die Qualität von Waren, die schon lange Wege hinter sich haben.

Weitere Vorteile von gefrostetem Gemüse: Sie sparen Zeit, da es schon **fix und fertig gewaschen, geputzt** und **zerkleinert** ist. Und Sie haben stets einen **Vorrat griffbereit.**

BLUMENKOHL sollte möglichst weiß und fleckenlos sein. Achten Sie beim Kauf auf dichte Röschen.

PORREE (LAUCH) kann vollständig verwendet werden. Lauchzwiebeln sind zart und schmecken auch roh.

GRÜNE BOHNEN gibt es als Busch- und Stangenbohnen. Nie roh essen, da sie giftiges Phasin enthalten.

CHAMPIGNONS kann man ruhig kurz waschen. Alle anderen Pilze nur gut mit einem Pinsel säubern.

Kohlgemüse

Weißkohl ist das wichtigste Kohlgemüse. Er schmeckt roh, gedünstet und gekocht. Die Köpfe sollten fest geschlossen sein. **Rotkohl** schmeckt etwas süßlicher. **Wirsingkohl** hat zweimal Saison: Frühwirsing ist hellgrün und feiner im Geschmack. Herbstwirsing ist dunkler, aromatischer. **Chinakohl** besitzt knackige Blätter. Man isst ihn roh als Salat oder gedünstet. Hellgrüne **Kohlrabi** kommen vorwiegend aus dem Unterglasanbau und sind besonders zart. Die blauvioletten kommen aus dem Freiland, sind kräftiger im Geschmack. **Rosenkohl** ist bekömmlicher und weniger bitter, wenn man ihn nach dem ersten Frost erntet, genauso wie **Grünkohl. Brokkoli, Blumenkohl** und **Romanesco** bilden zarte, dekorative Röschen aus.

Zwiebelgemüse

Zwiebeln bringen mit ihren gesunden Senfölen tollen Geschmack an viele Gerichte. **Haushaltszwiebeln** (braun, weiß oder rot) sind am verbreitetsten und am schärfsten. **Gemüsezwiebeln** sind milder und größer. Sie eignen sich für Salate oder zum Füllen. **Schalotten** sind teurer, aber edler als normale Zwiebeln. Sie schmecken würzig-herzhaft bis süßlich. **Knoblauch** bildet kleine, stark aromatische Zehen aus, die roh verwendet oder mitgegart werden. **Porree (Lauch)** gibt es ganzjährig: im Frühjahr zart mit hellgrünen Blättern, im Sommer mit langem weißen Schaft, im Winter als stämmigen grünblauen Lauch. **Frühlings-** oder **Lauchzwiebeln** werden bundweise verkauft. Lecker roh im Salat oder gedünstet.

Hülsenfruchtgemüse

Hülsenfrüchte sollten nicht roh gegessen, sondern immer gegart werden. Nur so werden sie bekömmlich. **Brechbohnen** sind grüne Buschbohnen, die so dickfleischig und rund sind, dass sie in Stücke gebrochen werden können. **Wachsbohnen** sind die gelbe Variante. **Schnittbohnen** sind breite, flache Stangenbohnen. Sie eignen sich gut zum „Schnippeln“ in kleine Stücke. **Kenia- oder Prinzessbohnen** gelten als feinste Böhnchen. Frische **Markerbsen** haben leicht eckige, süß schmeckende Samen. Sie haben eine zarte Konsistenz und bleiben beim Kochen fest. **Palerbsen** sind rund und glatt und durch ihren Stärkeanteil leicht mehlig. Zarte **Zuckerschoten** kann man roh oder gedünstet samt Hülse essen.

Pilze

Champignons (Egerlinge) sind die beliebtesten Zuchtpilze. Milde **weiße** werden von den aromatischeren **braunen** (auch **rosa** genannt) unterschieden. Riesenchampignons eignen sich zum Füllen. **Austernpilze** werden auf Holzsubstrat gezüchtet und ähneln geschmacklich den Waldpilzen. Frische Exemplare erkennt man am nach unten zeigenden Hutrand. **Shiitake** sind besonders aromatisch und in der asiatischen Küche beliebt. **Steinpilze** werden in Wäldern gesammelt und besitzen ein herrliches Aroma. Bei jungen Pilzen kann man die Röhren mitverwenden (auf Maden achten!). **Pfifferlinge** haben im Sommer Saison. Bisher ist die Zucht noch nicht gelungen. Kleine, trockene Exemplare schmecken am besten.

Die schonende Zubereitung ist das A und O

Heute weiß man, dass kurz gegartes, knackiges Gemüse weitaus **mehr Vitamine und Vitalstoffe** enthält als (zu) lange gekochtes.

Die schonendsten Garverfahren sind das **Dämpfen** sowie das **Garen in der Bratfolie.** Bei beiden Methoden hat das Gemüse keinen direkten Kontakt zum Kochwasser und wird nicht ausgelaugt, **Nährstoffe, Farbe und Geschmack** bleiben enthalten.

Bratbeutel gibt es für den Ofen und die Mikrowelle. Wer auf Plastik verzichten möchte, kann zum Dämpfen **jeden Topf** verwenden, der einen fest schließenden Deckel besitzt und in den man einen **Dünsteinsatz** stellen kann. Diese sind in der Form flexibel und passen sich der Topfgröße an.

Elektrische Dampfgarer lohnen sich, wenn Sie häufig zarte Gemüse (z. B. Brokkoli) zubereiten.

Zwiebeln würfeln

Zwiebel schälen. Dazu ein kleines Schälmesser wählen. Tipps gegen Tränen gibt's zahllose: Wir empfehlen ein scharfes Messer, das mehr schneidet als quetscht.

Die Zwiebel halbieren. Dann kammartig bis kurz vor die Wurzel (nicht weiter, damit alles noch zusammenhält) mehrmals einschneiden.

Nun zwei bis drei Mal quer dazu bis zur Wurzel einschneiden und wiederum die Zwiebel nicht ganz durchschneiden!

Wenn Sie die Zwiebelhälfte nun von oben in Scheiben schneiden, erhalten Sie automatisch feine Würfel. Mit der anderen Hälfte verfahren Sie genauso.

Paprikaschoten vorbereiten

Die Paprikaschote zuerst mit einem Messer rundherum vom Stiel beginnend aufschneiden.

Hälften mit den Händen aufbrechen und das Kerngehäuse und den Stiel herauslösen. Anschließend mit dem Messer restliche Trennhäute und Kerne entfernen.

Nun die Paprikaschote unter fließend kaltem Wasser von beiden Seiten waschen und dabei alle Kernchen mit herausspülen.

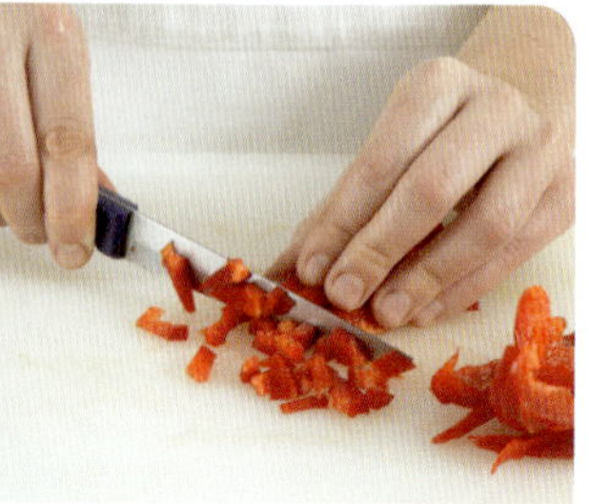

Je nach Verwendungszweck in breite Schiffchen (zum Füllen), grobe Stücke, Streifen oder feine Würfel schneiden.

Porree putzen, waschen und zerkleinern

Zum Putzen die äußeren Blätter ablösen. Die Wurzelenden und die oberen Schnittkanten nur knapp abschneiden, denn man kann das Grün mitverwenden.

Um beim Waschen an den Sand zu gelangen, der zwischen den Blättern sitzt, die Porreestange längs halbieren oder die einzelnen Blattlagen aufschneiden.

Der Schmutz lässt sich unter fließend kaltem Wasser leichter entfernen. Dazu die Schichten etwas auseinanderbiegen.

Für Eintöpfe, Gemüsebeilagen oder Quiches in Ringe schneiden. Feiner wird's, wenn Sie die Stangen erst in Stücke und dann in feine Streifen schneiden.

Blumenkohl kochen (Rezept S. 44)

Zuerst den Strunk und damit gleichzeitig die Hüllblätter mit einem großen Messer quer abschneiden und entfernen.

Nun die einzelnen Röschen mit einem kleineren Messer von den Stielen schneiden.

In reichlich kochendes Salzwasser geben und zugedeckt ca. 10 Minuten garen. Für Currys die Röschen in heißem Fett mit Gewürzen andünsten, ablöschen.

Ein ganzer Blumenkohl braucht 15–20 Minuten. Damit er schön hell bleibt und nicht gelb wird, kann man ihn in einer Mischung aus Wasser und Milch kochen.

Champignons vorbereiten (Rezept S. 42)

Champignons saugen sich schnell voll Wasser, wenn sie darin liegen. Deshalb nur kurz unter fließendem Wasser abspülen und gut abtropfen lassen.

Putzarbeit gibt es bei Zuchtpilzen kaum. Man braucht nur die dunklen Schnittstellen knapp abzuschneiden. Die Haut der Köpfe muss man nicht abziehen.

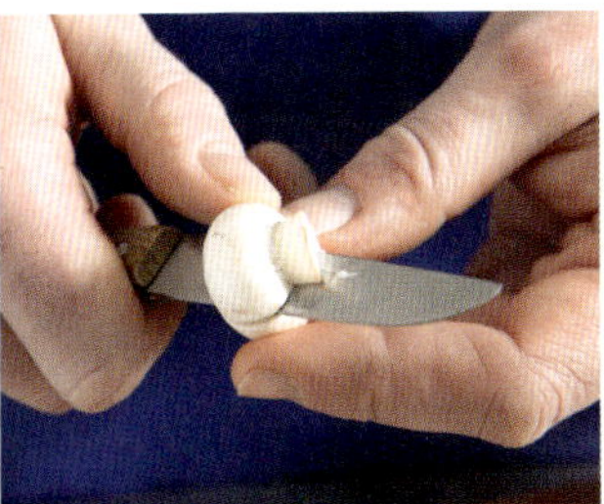

Je nach Größe halbiert oder viertelt man sie. Sollen sie knusprig gebraten werden, schneidet man sie in Scheiben. Für Salate am besten blättrig hobeln.

Zum Füllen braucht man große Exemplare oder Riesenchampignons. Die Stiele vorsichtig herausdrehen, evtl. hacken und unter die Füllung mischen.

Stangenspargel zubereiten (Rezept S. 41)

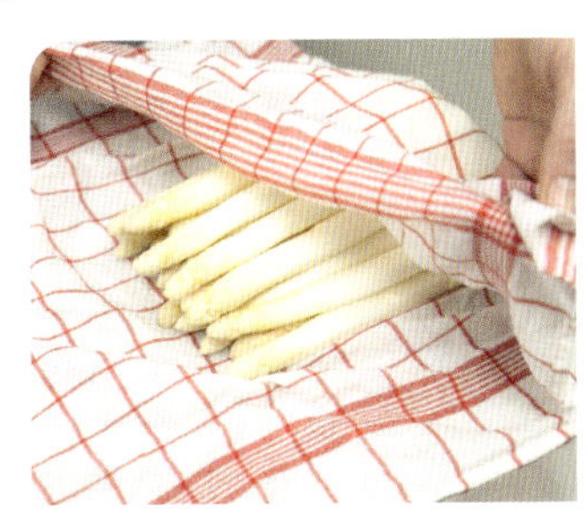

Spargel wird morgens frisch gestochen. Am besten verarbeitet man ihn bald, ansonsten in ein feuchtes Küchentuch wickeln und in den Kühlschrank legen.

Zuerst die Stangen von der Spitze zum Ende hin dünn schälen. Dabei unten ruhig etwas dicker schälen, weil sie dort holziger sind.

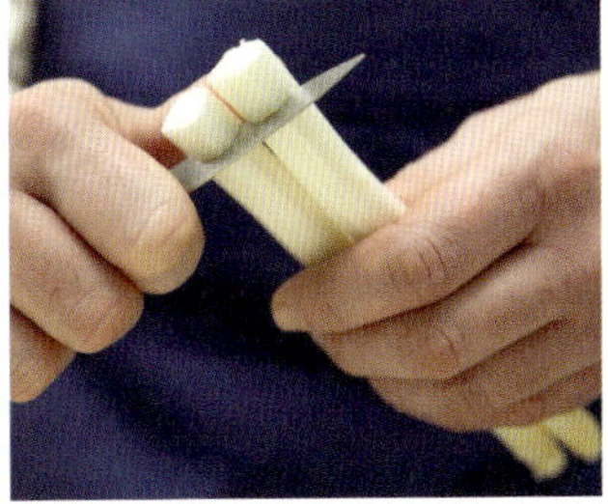

Schnittstellen abschneiden. Aus Schalen und Spargelenden mit Wasser ca. 10 Minuten einen Fond kochen, abgießen – eine ideale Basis für die Spargelsuppe.

Salz, wenig Zucker, 1 EL Butter und evtl. einige Zitronenscheiben zum Fond geben. Die Spargelstangen darin zugedeckt je nach Dicke 15–20 Minuten kochen.

Gefüllte Zucchini mit Weizen

ZUTATEN FÜR 4 PERSONEN

- **1 mittelgroße Zwiebel**
- **2 EL + etwas Öl**
- **125 g weiche Weizenkörner (Ebly)**
- **Salz • Pfeffer**
- **1 Glas (255 g) getrocknete Tomaten in Öl**
- **75 g Rucola (Rauke)**
- **75 g Parmesan (Stück)**
- **100 g kleine schwarze Oliven**
- **4 mittelgroße Zucchini (à ca. 200 g)**
- **1 EL Gemüsebrühe**

1 Zwiebel schälen, fein hacken. 2 EL Öl in einem Topf erhitzen. Zwiebel und Ebly darin andünsten. 200 ml Wasser zugießen und aufkochen. Mit Salz würzen und zugedeckt ca. 10 Minuten quellen lassen. Ebly evtl. abtropfen lassen.

2 Tomaten abtropfen lassen und in Würfel schneiden. Rucola putzen, waschen und etwa ein Viertel beiseite legen. Rest in Streifen schneiden. Parmesan reiben. Ebly, Tomaten, Rucolastreifen, Oliven und Hälfte Parmesan mischen. Mit Salz und Pfeffer abschmecken.

3 Zucchini waschen, längs halbieren und das Innere mit einem Esslöffel herauslösen. Mit der Ebly-Mischung füllen. Auf die gefettete Fettpfanne des Backofens oder in eine große Auflaufform legen.

4 Brühe in ca. ½ l heißem Wasser auflösen und zu den Zucchini gießen. Im vorgeheizten Backofen (E-Herd: 200 °C/ Umluft: 175 °C/Gas: Stufe 3) ca. 20 Minuten backen. Ca. 5 Minuten vor Ende der Backzeit Rest Parmesan über die Zucchini streuen. Anrichten und garnieren. Dazu schmeckt Tomatensoße (s. S. 170). **Getränk:** Saftschorle.

ZUBEREITUNGSZEIT ca. 50 Min.
PORTION ca. 360 kcal
14 g E • 18 g F • 33 g KH

Extra-Tipp

Statt der Weizenkörner können Sie ebenso viel Langkornreis nehmen. Die Zubereitung bleibt gleich, nur die Wassermenge erhöht sich auf ¼ l, und die Garzeit verlängert sich auf ca. 20 Minuten.

Stangenspargel mit Kräuter-Quarkcreme

ZUTATEN FÜR 4 PERSONEN

- 2 Eier
- 2 kg weißer Spargel
- Salz • Zucker • Pfeffer
- 1 kleine Zwiebel
- ca. ½ Bund/Töpfchen Kerbel
- je 3–4 Stiele Dill und Petersilie
- ca. ½ Bund Schnittlauch
- 250 g Buttermilchquark
- 8–10 EL Milch
- 5 EL Schlagsahne
- 8 dünne Scheiben (ca. 160 g) Katenschinken

1 Eier hart kochen. Abschrecken und auskühlen lassen. Spargel waschen, schälen und die holzigen Enden abschneiden. Spargel zugedeckt in kochendem, leicht gesalzenem Wasser mit 1 TL Zucker 15–20 Minuten garen.

2 Eier schälen und hacken oder im Eierschneider würfeln. Zwiebel schälen und fein würfeln. Kräuter waschen, trocken schütteln, etwas Kerbel zum Garnieren beiseite legen. Rest fein schneiden. Quark, Milch, Sahne und evtl. 4–5 EL Spargelwasser verrühren. Etwas Ei zum Bestreuen beiseite legen. Rest mit Zwiebel und Kräutern unterrühren. Mit Salz und Pfeffer abschmecken.

3 Spargel abtropfen lassen. Mit Schinken und Kräuter-Quarkcreme anrichten. Mit Rest Ei bestreuen und garnieren. Übrige Soße extra reichen. Dazu schmecken neue Kartoffeln.
Getränk: Weißwein, z. B. Gutedel.

ZUBEREITUNGSZEIT ca. 45 Min.
PORTION ca. 370 kcal
27 g E • 22 g F • 13 g KH

Champignons mit Schinken-Käse-Füllung

ZUTATEN FÜR 12 STÜCK

- **12 große Champignons (à ca. 5 cm Ø)**
- **2 Schalotten oder 1 Zwiebel**
- **2 EL Öl**
- **Salz • Pfeffer**
- **100 g gekochter Schinken (Scheiben)**
- **100 g Schnittkäse (Stück; s. Tipp)**
- **3–4 Stiele glatte Petersilie**
- **1–2 EL Paniermehl**

1 Pilze putzen und waschen. Die Stiele vorsichtig herausdrehen und fein hacken. Schalotten schälen und in feine Würfel schneiden.

2 1 EL Öl in einer Pfanne erhitzen. Pilzköpfe darin von oben und unten 2–3 Minuten anbraten. Herausnehmen und in eine große, flache, feuerfeste Form oder aufs Backblech setzen. 1 EL Öl im Bratfett erhitzen. Schalotten und Pilzstiele darin ca. 4 Minuten braten, bis die Flüssigkeit verdampft ist. Würzen.

3 Schinken würfeln. Käse grob raspeln. Petersilie waschen und trocken schütteln. Einige Blättchen zum Garnieren beiseite legen, Rest fein schneiden. Schinken, Käse, Petersilie und Paniermehl unter die Pilz-Zwiebel-Masse mischen. Mit Salz und Pfeffer abschmecken.

4 Pilzköpfe innen salzen. Die Masse einfüllen und etwas andrücken. Im vorgeheizten Backofen (E-Herd: 200 °C/Umluft: 175 °C/Gas: Stufe 3) 10–15 Minuten überbacken. Gefüllte Champignons anrichten und mit restlicher Petersilie garnieren. Dazu passt frisches Baguette. **Getränk:** Weißwein, z. B. Chardonnay.

ZUBEREITUNGSZEIT ca. 45 Min.
STÜCK ca. 70 kcal
5 g E · 4 g F · 2 g KH

Extra-Tipp

Für die Füllung können Sie fast jeden Käse nehmen, z. B. milden Butterkäse, mittelalten Gouda oder würzigen Bergkäse. Toll schmeckt auch Feta.

Schmorgemüse aus dem Ofen

ZUTATEN FÜR 4 PERSONEN

- 1 kg kleine Kartoffeln
- 5 EL Olivenöl
- 1 Gemüsezwiebel
- 300 g Möhren
- je 1 rote, gelbe und grüne Paprikaschote
- 2 Zucchini
- 4 Tomaten
- 4 Knoblauchzehen
- 2 Zweige Rosmarin
- 5 Stiele Thymian
- Salz (z. B. grobes Meersalz) • Pfeffer
- 2 EL kleine schwarze Oliven
- ½ Bund Petersilie
- ½ Bund Schnittlauch
- 100–150 g Crème fraîche
- 200 g Schmand

1 Kartoffeln gründlich unter kaltem Wasser abbürsten, halbieren und trocken tupfen. Auf der Fettpfanne des Backofens verteilen und 3 EL Öl darüberträufeln. Im vorgeheizten Backofen (E-Herd: 200 °C/Umluft: 175 °C/Gas: Stufe 3) ca. 50 Minuten schmoren.

2 Zwiebel schälen, in grobe Würfel oder Spalten schneiden und zu den Kartoffeln aufs Backblech geben. Gemüse schälen bzw. putzen und waschen. Möhren, Paprikaschoten und Zucchini in Stücke schneiden. Tomaten ganz lassen. Knoblauch schälen. Rosmarin und 3 Stiele Thymian waschen, abzupfen und hacken.

3 Die Möhren nach ca. 15 Minuten zu den Kartoffeln geben. Paprika, Knoblauch, Zucchini und Tomaten nach ca. 30 Minuten zufügen, dabei unter die Kartoffeln mischen. Die gehackten Kräuter darauf verteilen. Mit Salz und Pfeffer würzen. Alles mit 2 EL Öl beträufeln.

4 Nach ca. 40 Minuten Ofentemperatur hochschalten: (E-Herd: 225 °C/Umluft: 200 °C/Gas: Stufe 4). Oliven über dem Gemüse verteilen, alles zu Ende garen.

5 Für den Dip Petersilie, Schnittlauch und die restlichen Stiele Thymian waschen und trocken tupfen. Schnittlauch in feine Ringe schneiden. Petersilie und Rest Thymian abzupfen und hacken. Crème fraîche, Schmand und Kräuter verrühren, mit Salz und Pfeffer abschmecken. Dip extra zum Gemüse reichen.
Getränk: Bier, z. B. Radler.

ZUBEREITUNGSZEIT ca. 1 Std.
PORTION ca. 430 kcal
8 g E • 28 g F • 34 g KH

Blumenkohlauflauf mit Thüringer Mett

ZUTATEN FÜR 4 PERSONEN

- 750 g Kartoffeln
- Salz • Muskat • Pfeffer
- 1 Blumenkohl (ca. 1,5 kg)
- 200 ml + 200 ml Milch
- 2 EL + etwas Butter
- 2 EL Öl
- 400 g Thüringer Mett
- 2 EL Mehl
- 1 TL Gemüsebrühe
- ½ Bund Petersilie

1 Kartoffeln schälen, waschen und grob würfeln. Zugedeckt in Salzwasser ca. 20 Minuten kochen. Blumenkohl putzen, waschen und in kochendem Salzwasser 15–20 Minuten garen.

2 Kartoffeln abgießen. 200 ml Milch und 2 EL Butter zufügen und alles zu Püree stampfen. Mit Salz und Muskat würzen. In eine gefettete Auflaufform streichen. Blumenkohl abtropfen lassen und auf das Püree setzen.

3 Öl in einer Pfanne erhitzen. Mett darin krümelig anbraten. Mit Mehl bestäuben und kurz anschwitzen. 200 ml Milch, 200 ml Wasser und Brühe einrühren. Aufkochen, ca. 5 Minuten köcheln lassen.

4 Petersilie waschen, hacken und in die Soße rühren. Mit Salz und Pfeffer abschmecken. Über den Blumenkohl gießen. Im vorgeheizten Backofen (E-Herd: 200 °C/Umluft: 175 °C/Gas: Stufe 3) ca. 15 Minuten überbacken.

Getränk: Bier, z. B. Pils.

ZUBEREITUNGSZEIT ca. 1 Std.
PORTION ca. 620 kcal
33 g E • 36 g F • 36 g KH

Spitzkohlröllchen in Tomatensoße

ZUTATEN FÜR 4 PERSONEN

- Salz
- 75 g Langkornreis
- 2 Spitzkohle (à ca. 500 g)
- 1 mittelgroße Zwiebel
- 2–3 Knoblauchzehen
- 3 EL Mandelkerne ohne Haut
- 250 g Rinderhack
- 1 Ei
- je ½–1 TL gemahlener Zimt und Kreuzkümmel • Pfeffer
- 4 EL Öl
- 1 EL Tomatenmark
- 1 Dose (850 ml) Tomaten
- 1 TL getrockneter Oregano
- 100 g Fetakäse
- Holzspießchen

1 Knapp 200 ml Salzwasser aufkochen. Reis darin zugedeckt bei schwacher Hitze ca. 20 Minuten quellen lassen.

2 Kohle putzen, waschen und 20–24 äußere Blätter ablösen. Blätter portionsweise in kochendem Salzwasser 1–2 Minuten blanchieren. Abschrecken und abtropfen lassen. Blattrippen flach schneiden. (Rest Kohl anderweitig verwenden.)

3 Zwiebel und Knoblauch schälen, würfeln. Mandeln grob hacken. Mit Hack, Ei, je Hälfte Zwiebel und Knoblauch verkneten. Mit Zimt, Kreuzkümmel, Salz und Pfeffer würzen. Reis unterheben. Je 2 Kohlblätter überlappend nebeneinanderlegen. Je 1 EL Hackmischung darauf geben. Seiten über die Füllung schlagen, aufrollen und feststecken.

4 3 EL Öl im Bräter erhitzen. Röllchen darin rundherum anbraten. Herausnehmen. 1 EL Öl im Bratfett erhitzen. Rest Zwiebel und Knoblauch darin andünsten. Tomatenmark mit anschwitzen. Tomaten zufügen, zerkleinern. Mit Salz, Pfeffer und Oregano würzen. Röllchen zufügen. Aufkochen und zugedeckt ca. 15 Minuten schmoren. Soße abschmecken. Alles anrichten, Fetakäse darüberbröckeln. Dazu schmeckt Reis.
Getränk: Saftschorle.

ZUBEREITUNGSZEIT ca. 2 Std.
PORTION ca. 520 kcal
30 g E • 32 g F • 25 g KH

Zuckerschoten-Möhren-Pfanne

ZUTATEN FÜR 3–4 PERSONEN

- **2 EL Sesam**
- **500 g Möhren**
- **400 g Zuckerschoten**
- **1 walnussgroßes Stück Ingwer**
- **2 Knoblauchzehen**
- **2 Beefsteaks (à ca. 200 g)**
- **3–4 EL Öl**
- **Salz • Pfeffer**
- **6–8 EL Sojasoße**
- **Zucker**
- **evtl. Koriander zum Garnieren**

1 Sesam in einem Wok oder einer großen Pfanne rösten, herausnehmen. Möhren schälen, waschen und in schräge dünne Scheiben schneiden. Zuckerschoten putzen, waschen. Ingwer und Knoblauch schälen, fein würfeln. Steaks trocken tupfen und in Streifen schneiden.

2 2–3 EL Öl im Wok erhitzen. Fleisch darin anbraten. Mit Salz und Pfeffer würzen, herausnehmen. Möhren im Bratfett unter Wenden ca. 5 Minuten braten. Herausnehmen. 1 EL Öl im Bratfett erhitzen. Zuckerschoten darin unter Wenden ca. 3 Minuten braten. Ingwer und Knoblauch kurz mitbraten.

3 Möhren und Fleisch zufügen. Mit Sojasoße und 5 EL Wasser ablöschen, 2–3 Minuten köcheln. Mit Salz, Pfeffer und 1 Prise Zucker abschmecken, mit Sesam bestreuen und mit Koriander garnieren. Dazu passt Reis.
Getränk: Bier, z. B. Weizenbier.

ZUBEREITUNGSZEIT ca. 30 Min.
PORTION ca. 290 kcal
27 g E • 12 g F • 17 g KH

Zuckerschoten

Sie sind ideal für die schnelle Küche, denn sie garen ruck, zuck. Vorher Stielansatz abschneiden und den evtl. vorhandenen Faden gleich mit abziehen.

Kartoffel-Bohnen-Pfanne mit Kasseler

ZUTATEN FÜR 3 PERSONEN

- 600 g neue Kartoffeln
- 400 g ausgelöstes Kasselerkotelett
- 2–3 EL Öl
- Pfeffer • Salz
- 150 g Kirschtomaten
- 1 mittelgroße Zwiebel
- 4–5 Stiele Thymian
- 300 g grüne Bohnen
- 1 TL klare Brühe
- 200 g Schmand
- 2–3 EL Aprikosenkonfitüre
- Chilipulver
- evtl. Thymian zum Garnieren

1 Kartoffeln gründlich waschen, trocken reiben und in dicke Scheiben schneiden. Kasseler waschen, trocken tupfen und würfeln. 1 EL Öl in einer großen Pfanne (mit Deckel) erhitzen. Kasseler darin rundherum anbraten. Mit Pfeffer würzen und herausnehmen. Tomaten waschen, trocknen und kurz im Bratfett schwenken. Herausnehmen.

2 1–2 EL Öl im Bratfett erhitzen. Kartoffeln darin unter öfterem Wenden 5–6 Minuten anbraten.

3 Inzwischen Zwiebel schälen und fein würfeln. Thymian waschen und abzupfen. Bohnen waschen, putzen und halbieren oder dritteln. Zwiebel und Thymian zu den Kartoffeln geben und andünsten. Mit Salz und Pfeffer würzen. Bohnen, ¼ l Wasser und Brühe zugeben. Aufkochen und zugedeckt ca. 15 Minuten schmoren. Kasseler und Tomaten wieder hinzufügen und offen ca. 2 Minuten weitergaren.

4 Schmand und Konfitüre glatt rühren. Mit Salz, Pfeffer und Chilipulver abschmecken. Kartoffel-Bohnen-Pfanne nochmals abschmecken, anrichten und mit Thymian garnieren. Den Aprikosenschmand dazureichen.

Getränk: Bier, z. B. Radler.

ZUBEREITUNGSZEIT ca. 30 Min.
PORTION ca. 670 kcal
37 g E • 34 g F • 50 g KH

Gratinierter Chicorée in Tomatensoße

ZUTATEN FÜR 4 PERSONEN

- 1 Bund Lauchzwiebeln
- 4 Chicorée (à ca. 150 g)
- 2 EL Olivenöl
- Salz • Pfeffer
- 100 g magere Schinkenwürfel
- 500 g stückige Tomaten (Packung)
- Zucker
- 50–75 g Gouda (Stück)
- 150 g Hüttenkäse (körniger Frischkäse)

1 Lauchzwiebeln putzen, waschen und in feine Ringe schneiden. Ca. 1 EL zum Bestreuen beiseite stellen. Chicorée putzen, waschen und längs halbieren. Den Strunk keilförmig herausschneiden.

2 Öl in einer großen beschichteten Pfanne erhitzen. Chicoréehälften darin rundherum ca. 3 Minuten anbraten. Mit Salz und Pfeffer würzen, herausnehmen.

3 Schinkenwürfel im Bratfett knusprig anbraten. Ca. 2 EL Schinkenwürfel zum Bestreuen herausnehmen. Lauchzwiebeln in die Pfanne geben und kurz mit andünsten. Mit Tomaten ablöschen. Alles aufkochen und ca. 5 Minuten unter Rühren köcheln. Mit Salz, Pfeffer und 1 Prise Zucker abschmecken.

4 Gouda grob raspeln. Mit Hüttenkäse mischen. Tomatensoße in eine große flache Auflaufform gießen, Chicorée hineinlegen. Käse darüber verteilen. Im vorgeheizten Backofen (E-Herd: 225 °C/Umluft: 200 °C/Gas: Stufe 4) 10–12 Minuten gratinieren. Mit übrigen Lauchzwiebeln und Schinkenwürfeln bestreuen. Dazu schmeckt Reis.

Getränk: Saftschorle.

ZUBEREITUNGSZEIT ca. 40 Min.
PORTION ca. 230 kcal
17 g E • 11 g F • 13 g KH

Herzhaftes mit Fleisch

Ein saftiges Stück vom Rind, Kalb, Schwein oder Lamm ist ein echter Genuss. Und so gelingt es auf den Punkt

Rindfleisch

Das Fleisch junger Rinder ist in Deutschland sehr beliebt. Sie sind nicht älter als zwei Jahre, und ihr Fleisch sollte ca. vier Wochen im Kühlhaus abgehangen und leicht marmoriert sein. Eine gute Qualität bekommt man beim „Fleischer des Vertrauens". Abgepackte Ware ist häufig zäh oder leicht wässrig. Rindfleisch kann im Gegensatz zu Schweinefleisch nach dem Einkauf noch drei bis vier Tage im Kühlschrank „nachreifen". Bis zur Zubereitung am besten aus der Verpackung nehmen und mit Folie bedeckt in einer Glas- oder Porzellanschüssel lagern.

RUMPSTEAK wird aus dem hinteren Teil des Roastbeefs geschnitten. Der Fettrand macht es schmackhaft.

HÜFTSTEAK hat keinen Fettrand. Es wird aus dem gut abgehangenen Fleisch junger Tiere hergestellt.

FILETSTEAKS macht man aus dem Filetkopf. Sie sind besonders zart, aber auch am teuersten.

Welches Teil wofür?

Der **Nacken (Kamm, Hals)** ist stark mit Fettadern durchzogen und daher ideal für Eintöpfe, Suppen oder Gulasch. Die **Hohe Rippe** ist fein marmoriert, aromatisch und zum Braten, Grillen, Schmoren und als Suppenfleisch geeignet. Einen besonders saftigen Braten erhält man aus dem **Roastbeef.** Die meisten **Steaks** (s. Fotos oben) werden in 200-g-Portionen aus diesem Stück geschnitten. Ausnahme: **Filetsteak,** das aus der **Rinderlende (Filet)** gewonnen wird. Die **Brust** wird mit und ohne Knochen, frisch oder gepökelt angeboten und ergibt ein kerniges Kochfleisch. Die **Querrippe** eignet sich ebenfalls am besten zum Kochen. Die **Keule** besteht aus **Ober- und Unterschale, Kugel** und **Blume (Hüfte)**. Daraus werden Rouladen und Hüftsteaks hergestellt. Die Spitze der Unterschale und Hüfte wird **Tafelspitz** genannt und auch als sehr feines Kochfleisch verwendet. Die **Schulter** (Bug) wird in **dicken Bug** (Sauer- und Schmorbraten, Rouladen und Gulasch), **Schaufelstück** und **falsches Filet** zerlegt (beides sind preiswerte Braten- und Schmorstücke).

Kalbfleisch

Das Fleisch von Mastkälbern, die vor der Schlachtung höchstens acht Monate mit Milch gefüttert wurden, ist besonders hell, zart und mager. Es hat seinen Preis und gilt fast schon als Delikatesse.

Welches Teil wofür?

Ober- und Unterschale werden aus der Keule gewonnen. Sie eignen sich als Braten, für **Schnitzel** (s. Foto unten) und **Rouladen.** Der **Kalbsrücken** liefert Koteletts oder, wenn er ausgelöst wird, zarte Steaks.

RAFFINIERTE ROULADEN-FÜLLUNGEN viermal anders:

1. Pesto, getrocknete Tomaten, gehackte schwarze Oliven.
2. Kräuterfrischkäse, feine Möhren- und Zucchinistreifen.
3. Kräuterpaste (z. B. Oregano in Öl), Serranoschinken, Zwiebelstreifen.
4. Tomatenmark und Sambal Oelek, fein geschnittenes Asiagemüse.

Im Rückenstück liegt auch das **Filet,** das ideal für Fondue oder Medaillons ist. **Kalbsnacken** wird meist mit Knochen angeboten. Er ist schön marmoriert und daher sehr schmackhaft. Man kann **Nackenkoteletts** oder **Gulasch** (s. Foto unten) daraus herstellen. Die **Schulter** ist ein ausgezeichnetes Bratenstück, für **Ragouts** und **Frikassees** geeignet. Der **dicke oder flache Bug** ergibt feine Ragouts.

Niedertemperatur

In den vergangenen Jahren ist dieses Garverfahren immer beliebter geworden: **das sanfte Braten von Fleisch im Backofen.** Nach dem kräftigen Anbraten wird das Fleischstück mehrere Stunden bei ca. 80 °C sachte gebraten. Dabei bleiben Aroma, Fleischsaft und Nährstoffe besonders gut erhalten. Ein weiteres Plus: Es kommt nicht auf die Minute an, das Fleisch bleibt im Ofen noch lange zart.

Durch oder blutig?

RARE

Wenn Sie Ihr 200-g-Steak pro Seite ca. 1 Minute im heißen Butterschmalz braten, bleibt der Kern blutig. Daumenprobe: weich.

MEDIUM

Für einen rosa Kern das Steak pro Seite ca. 3 Minuten (halbgar) braten. Bei der Daumenprobe ist das Fleisch noch federnd.

WELL DONE

Durchgebraten (well done) ist das Fleisch, wenn Sie es ca. 5 Minuten pro Seite brutzeln. Daumenprobe: fest.

KALBSSCHNITZEL ist das Fleisch, aus dem das echte Wiener Schnitzel mit Panade zubereitet wird.

KALBSGULASCH hat seinen Preis, ist aber superzart. Es wird aus der Keule oder der Brust geschnitten.

Rindergeschnetzeltes

Rindersteaks oder Rinderfilet mit Küchenpapier trocken tupfen und quer zur Fleischfaser gleichmäßig in feine Streifen schneiden.

Butterschmalz in einer Pfanne erhitzen, das Fleisch darin kräftig anbraten und würzen. Damit der Herd sauber bleibt, Spritzschutz auflegen, Fleisch herausnehmen.

Im heißen Bratfett **Zwiebelwürfel** anbraten, mit **Brühe** und **Sahne** ablöschen. Aufkochen und offen ca. 10 Minuten einkochen.

Das Fleisch wieder zufügen und in Scheiben geschnittene **Gewürzgurken** zufügen. Nochmals mit **Salz, Pfeffer** und **evtl. 1 Schuss Cognac** abschmecken.

Rinderrouladen (Rezept S. 58)

Rinderrouladen mit **Salz und Pfeffer** würzen. Mit **Senf** bestreichen und mit **Speckstreifen** und **Zwiebelspalten** oder **Gewürzgurken** belegen (vgl. S. 58).

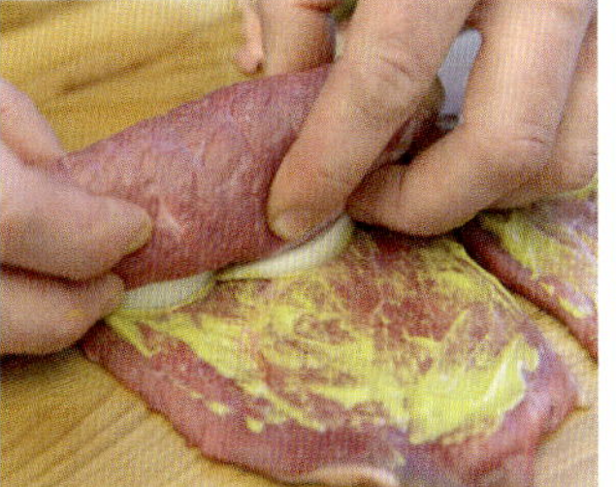

Dann die Rouladen von der schmalen Seite her über die Füllung **fest aufrollen.**

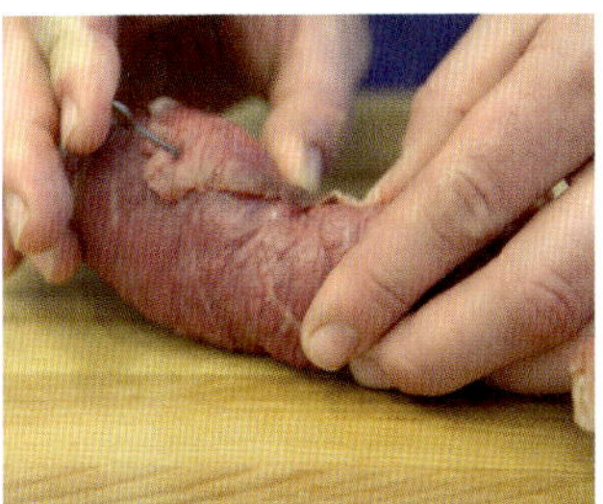

Rouladen mit einer **Rouladennadel** oder **-klammer** feststecken. Oder Sie umwickeln sie mit **Küchengarn** und binden sie fest. Vor dem Servieren entfernen.

Butterschmalz oder **Öl** in Bräter oder Schmortopf erhitzen und Rouladen darin rundherum kräftig anbraten. Dabei mithilfe von zwei Pfannenwendern drehen.

Rindergulasch (Rezept S. 62)

Zuerst **Champignons** waschen, putzen und je nach Größe halbieren oder vierteln. **Zwiebeln** schälen und in feine Spalten schneiden.

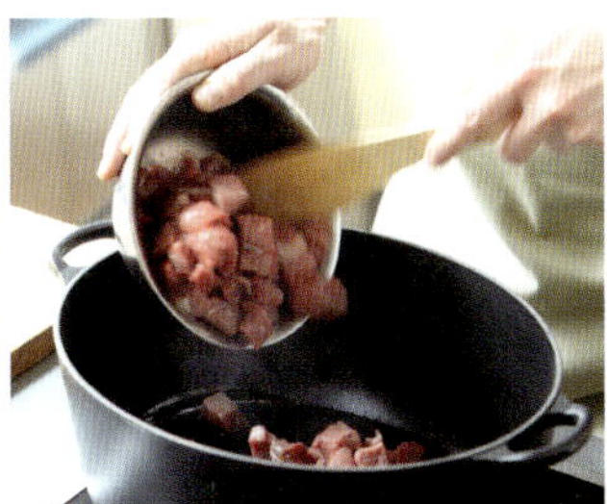

Rindergulasch (z. B. aus der Schulter) etwas kleiner würfeln und in heißem Butterschmalz oder Öl anbraten. Mit **Salz, Pfeffer** und **Edelsüß-Paprika** würzen.

Fleisch herausnehmen. Zwiebeln und Pilze im heißen Bratfett anbraten. Fleisch zufügen und alles mit je ¼ **l Brühe** und **Sahne** ablöschen. Ca. 1 Stunde schmoren.

Zum Schluss die Soße nach Belieben binden: **2 EL Speisestärke** mit **kaltem Wasser** anrühren, in die Soße rühren und ca. 1 Minute köcheln lassen.

SCHNITZEL besitzt einen Fettanteil von max. 3 %. Daher nur kurz braten, damit es nicht trocken wird.

STIELKOTELETT ist ein saftiges Kurzbratstück. Der Knochen sorgt für einen kräftigeren Geschmack.

DAS FILET (LENDE) ist im Ganzen als Braten und in Scheiben geschnitten als Medaillons verwendbar.

NACKEN ist kräftig marmoriert. Daraus entsteht ein schmackhafter Braten oder Nackenkoteletts.

Schweinefleisch

Für die Beschaffenheit des Schweinefleisches sind Alter, Rasse und Haltung des Tieres entscheidend. Das bei uns angebotene Fleisch stammt meist von etwa sieben Monate alten Schweinen. Hochwertiges Fleisch ist blassrosa bis rosarot, feinfaserig und leicht durchwachsen. Da es schon nach 48 Stunden abgehangen ist, sollte es nach dem Einkauf bald zubereitet werden. Bis dahin aus der Verpackung nehmen und zugedeckt im Kühlschrank aufbewahren.

Welches Teil wofür?

Der **Nacken (Kamm, Hals)** ist kräftig durchwachsen und wird am Knochen, ausgelöst oder als Nackenkoteletts angeboten. Er ist ideal für Gulasch, Schmorgerichte oder Geschnetzeltes. Gepökelt und geräuchert macht man daraus Kasselernacken. Die **dicke Rippe** (Brust) ist etwas grobfaserig und lässt sich gut füllen oder zu **Gulasch** und Eintöpfen verarbeiten. Aus der mageren **Ober- und Unterschale (Keule)** werden **Schnitzel** (s. Foto oben) geschnitten. **Nuss und Hüfte (Schinkenspeck)** eignen sich für Steaks, Gulasch und Fondue. Die **Schulter (Bug)** wird mit Knochen und Schwarte für einen preiswerten **Schweinekrustenbraten** angeboten. Wenn Schwarte und Knochen entfernt sind, werden **Gulasch**, **Ragouts** und **Rollbraten** daraus gemacht. Das **Schweinefilet (Lende, Lummer)** ist das teuerste Stück des Schweines. Es ist hervorragend zart und daher ideal für Medaillons, Fondue, Geschnetzeltes. **Stielkoteletts** (s. Foto oben) werden aus dem vorderen Kotelettstrang geschnitten, **Filetkoteletts** stammen aus dem hinteren. Sie sind schöne Kurzbratstücke mit Knochen. Gepökelt und leicht geräuchert, wird daraus das **Kasselerkotelett** hergestellt.

Lammfleisch

Als Lamm wird das Fleisch von zehn bis zwölf Monate alten Schafen bezeichnet. Die weit verbreitete Weidehaltung begünstigt durch viel Auslauf ein herrliches Aroma und die große Zartheit des Fleisches. Besonders zart ist das ganz helle Fleisch der Milchlämmer, die höchstens sechs Monate alt werden und deren Futter nur aus Milch besteht. Neben frischem deutschem Lammfleisch wird Tiefkühlware aus Neuseeland angeboten.

Welches Teil wofür?

Lammrücken gibt es am Stück, und es ergibt einen saftigen Braten. In Scheiben geschnitten entstehen daraus **Doppelkoteletts** (s. Foto unten). Werden sie halbiert, erhält man einfache **Koteletts** (s. Foto unten). **Lammlachs** heißt der ausgelöste Rückenstrang, der ähnlich hochwertig wie das **Filet** und super zum Kurzbraten ist. Mild im Geschmack. **Lammkeule** wird meist mit Knochen angeboten und auch so im Ganzen gebraten. Das zarte Fleisch eignet sich auch ausgelöst als Keulensteaks zum Kurzbraten und Grillen. Gewürfelt ergibt es **Gulasch** (s. Foto unten). Die magere **Brust** und der marmorierte **Nacken** sind ideal für kräftige Suppen, Ragouts und Stews.

Tipps zum Garen

SCHWEIN DURCHGAREN
Um alle Trichinen (auf den Menschen übertragbare Fadenwürmer) im Fleisch abzutöten, muss Schweinefleisch immer durchgegart werden (Kerntemperatur mind. 60 °C). So verhindern Sie die Gefahr einer gefährlichen Trichinose.

LAMM DARF ROSA SEIN
Lammfleisch am besten mit Bratenthermometer garen und bei einer Kerntemperatur von 60 °C herausnehmen. Dann ist es schön zart und rosa. Vorm Anschneiden in Alufolie wickeln und 10 Minuten ruhen lassen, damit sich der Fleischsaft verteilt und nicht ausläuft.

GARPROBE BEI BRATEN
Sie haben kein Bratenthermometer? Ob ein Braten gar ist, können Sie durch eine Löffeldruckprobe testen. Nie eine Gabel einstechen, da sonst Fleischsaft verloren geht. Durchgebratenes gibt nicht nach, während sich rosa Fleisch leicht eindrücken lässt.

LAMMLACHS ist der ausgelöste Rückenstrang. Er ist fettarm, extrazart, sehnenfrei und hochpreisig.

LAMMGULASCH ist zart und saftig und wird aus Kamm, Nacken oder Schulter gewonnen.

DOPPELKOTELETTS sind von Fettadern durchzogen und daher ideal zum Kurzbraten und Grillen.

LAMMKOTELETTS (Chops) sind die halbierten Koteletts mit abgetrennten Rippen aus dem Rückgrat.

Schnitzel panieren und braten (Rezept S. 61)

Schnitzel trocken tupfen, auf ein Brett legen, mit Frischhaltefolie bedecken und mit dem Plattiereisen flach klopfen. Wer keins hat, nimmt einfach einen Stieltopf.

Etwas Mehl in einen tiefen Teller oder eine Schale geben. Schnitzel mit Salz und Pfeffer würzen und einzeln im Mehl wenden. Überschüssiges Mehl abschütteln.

1–2 Eier im tiefen Teller verquirlen. **Einige EL Paniermehl** in einen weiteren Teller oder eine Schale geben. Schnitzel erst im Ei, dann in der Panade wenden.

2 EL Butterschmalz oder Öl in einer großen Pfanne erhitzen. Die Schnitzel darin von jeder Seite 2–3 Minuten goldbraun braten. Auf Küchenpapier abtropfen.

Krustenbraten (Rezept S. 66)

Schweinekrustenbraten aus der Keule oder Schulter waschen, trocken tupfen und die Schwarte mit einem scharfen Messer kreuzweise einritzen.

Fleisch in einen Bräter legen, im Backofen nach Rezept braten. Damit die Kruste schön knusprig wird, in den letzten 10 Minuten mit starkem Salzwasser bepinseln.

Braten herausnehmen und warm stellen. Bratensatz mit heißem Wasser auffüllen und vom Rand lösen. Fond mit **dunklem Soßenbinder** binden, abschmecken.

Den Braten kann man am besten mit einem **Elektromesser** in Scheiben schneiden. Wer keins hat, nimmt die stabile Kruste vor dem Aufschneiden ab.

Rollbraten (Rezept S. 60)

Schweineschnitzel im Stück am besten schon vom Fleischer zur flachen Scheibe aufschneiden lassen. Mit einer **Füllung** (s. S. 60) bestreichen und fest aufrollen.

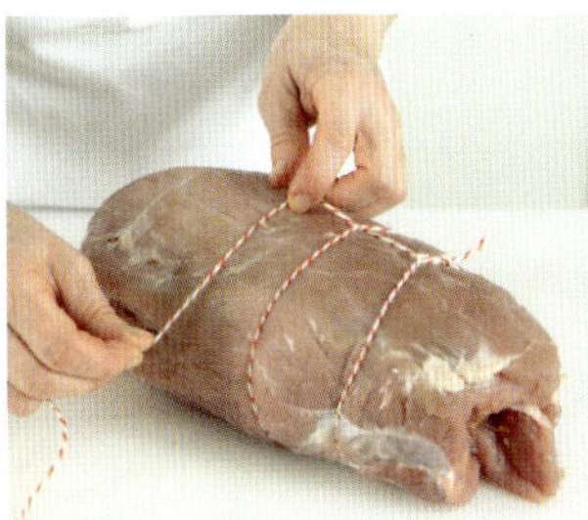

Die dicke Rolle mit **Küchengarn** festbinden. Dazu einmal umwickeln, verknoten und dies mit jeweils etwas Abstand mehrmals wiederholen.

Butterschmalz oder Öl in einem Bräter erhitzen. Den Rollbraten mit **Salz und Pfeffer** würzen und im heißen Fett rundherum kräftig anbraten.

Für eine Soße **Zwiebeln** oder **zerkleinertes Suppengrün** mit anrösten. Mit ca. ½ **l Wasser** oder **klarer Brühe** ablöschen. Nach Rezept im Ofen braten.

Zwiebelsteaks mit Bratkartoffeln

ZUTATEN FÜR 4 PERSONEN

- **1 kg festkochende Kartoffeln**
- **400 g Zwiebeln**
- **400 g kleine Champignons**
- **½ Bund Petersilie**
- **7–8 EL Butterschmalz**
- **Salz • Pfeffer**
- **4 Rumpsteaks (à ca. 200 g)**
- **4 TL Crème fraîche**
- **evtl. Alufolie**

1 Kartoffeln waschen und zugedeckt ca. 20 Minuten kochen. Abschrecken, schälen und auskühlen lassen.

2 Zwiebeln schälen. 1 Zwiebel würfeln, übrige in Ringe hobeln oder schneiden. Pilze putzen und waschen. Petersilie waschen und fein hacken. Kartoffeln in Scheiben schneiden.

3 1–2 EL Butterschmalz in einer großen Pfanne erhitzen. Pilze darin rundherum 5–6 Minuten braten. 3 EL Butterschmalz in einer zweiten großen Pfanne erhitzen. Kartoffeln darin unter gelegentlichem Wenden 8–10 Minuten braten. Zwiebelwürfel zuletzt ca. 3 Minuten mitbraten. Die Bratkartoffeln würzen und warm stellen.

4 Inzwischen Pilze mit Salz, Pfeffer und der Hälfte Petersilie würzen und warm stellen. 1 EL Butterschmalz im Bratfett erhitzen. Zwiebelringe darin kurz vorbraten und herausnehmen.

5 Steaks trocken tupfen, den Fettrand mehrmals einschneiden. 2 EL Butterschmalz im Bratfett erhitzen. Steaks darin pro Seite 3–4 Minuten braten, mit Salz und Pfeffer würzen. Evtl. in Alufolie wickeln und kurz ruhen lassen.

6 Zwiebelringe im heißen Bratfett unter Wenden knusprig braun braten, würzen. Alles mit Crème fraîche anrichten und mit Rest Petersilie bestreuen.
Getränk: Bier, z. B. Pils.

ZUBEREITUNGSZEIT ca. 1 ¼ Std.
AUSKÜHLZEIT ca. 1 Std.
PORTION ca. 590 kcal
51 g E • 26 g F • 35 g KH

Lammkoteletts mit Knoblauchpüree

ZUTATEN FÜR 4 PERSONEN

- 1 Knolle Knoblauch (z. B. junger)
- 800 g mehligkochende Kartoffeln
- Salz • Pfeffer • Muskat
- 2 Zwiebeln
- 800 g grüne Bohnen
- 3 EL Butter/Margarine
- 8 Lammstielkoteletts (à ca. 125 g)
- 2 EL Öl
- 200 ml Milch

1 Hälfte Knoblauchzehen evtl. schälen, grob hacken, übrige in sehr dünne Scheiben schneiden. Kartoffeln schälen, waschen. Mit gehacktem Knoblauch in wenig Salzwasser zugedeckt ca. 20 Minuten kochen.

2 Zwiebeln schälen und fein würfeln. Bohnen putzen und waschen. 2 EL Fett erhitzen. Zwiebeln darin andünsten. Bohnen zufügen und kurz mitdünsten. Mit Salz und wenig Pfeffer würzen. ¼ l Wasser angießen, aufkochen und zugedeckt ca. 15 Minuten dünsten.

3 Koteletts waschen und trocken tupfen. Öl in einer beschichteten Pfanne erhitzen. Fleisch darin von jeder Seite ca. 3 Minuten braten. Mit Salz und Pfeffer würzen. Knoblauchscheiben kurz mitbraten. Warm stellen.

4 Kartoffeln abgießen, dann Milch und 1 EL Fett zufügen. Alles fein zerstampfen. Mit Salz und Muskat abschmecken. Bohnen abgießen. Koteletts, Bohnen und Püree anrichten. Gebratenen Knoblauch darüber verteilen.
Getränk: Rotwein, z. B. Rioja.

ZUBEREITUNGSZEIT ca. 40 Min.
PORTION ca. 670 kcal
38 g E • 36 g F • 44 g KH

Extra-Tipp

Sie können statt der einzelnen Stielkoteletts auch 4 doppelte Lammkoteletts nehmen. Wenn es keine frischen Bohnen gibt, nehmen Sie TK-Ware.

Saftiger Kalbsbraten

ZUTATEN FÜR 4 PERSONEN

- 1–1,2 kg Kalbsnuss (evtl. vorbestellen)
- Salz • Pfeffer
- 4 EL Butterschmalz
- 1 Zwiebel
- 400 ml Kalbsfond (Glas)
- ca. 1 TL Speisestärke
- 2–3 Stiele Thymian
- ca. ½ Bund glatte Petersilie
- ½ Bund/Töpfchen Basilikum
- Küchengarn

1 Backofen samt Rost und einem flachen Bräter vorheizen (E-Herd: 125 °C/Umluft und Gas s. Herdhersteller). Fleisch waschen und trocken tupfen. Mit Küchengarn in Form binden, gut mit Salz und Pfeffer würzen. 2 EL Butterschmalz in einer Pfanne erhitzen. Fleisch darin rundherum 8–10 Minuten kräftig anbraten.

2 Fleisch in den erhitzten Bräter legen (Pfanne zur Seite stellen). Bratenthermometer so einstechen, dass die Metallspitze ganz in der Mitte des Fleischkerns steckt. Bräter aufs Rost stellen. Temperatur auf 100 °C herunterschalten. Fleisch ca. 3 Stunden garen (bis zur Kerntemperatur von 62–65 °C).

3 Zwiebel schälen, würfeln. In der Pfanne im Bratensatz anbraten. Mit Fond ablöschen und auf knapp die Hälfte einkochen. Durchsieben. Stärke und etwas kaltes Wasser verrühren, Fond mit Stärke binden und 1–2 Minuten köcheln. Soße abschmecken, beiseite stellen. Kräuter waschen, abzupfen und fein schneiden.

4 Braten herausnehmen, Bratenthermometer und Garn entfernen. Evtl. entstandenen Fleischsaft zur Kalbssoße gießen und aufkochen. Kalbsnuss in den gehackten Kräutern wenden und mit der Soße anrichten. Dazu passen Möhren, Teltower Rübchen und Kartoffelrösti.
Getränk: trockener Weißwein, z. B. Rivaner.

ZUBEREITUNGSZEIT ca. 3½ Std.
PORTION ca. 350 kcal
55 g E · 12 g F · 2 g KH

Filetsteaks mit Rosenkohlpüree

ZUTATEN FÜR 4 PERSONEN

- **5 g getrocknete Steinpilze**
- **50 g Walnusskerne**
- **2 Scheiben Toast**
- **750 g Rosenkohl**
- **750 g Kartoffeln (z. B. vorwiegend festkochend)**
- **50 g + 2–3 EL weiche Butter**
- **Salz • Pfeffer • Muskat**
- **4–6 Rinderfiletsteaks (à ca. 175 g)**
- **2 EL Öl**
- **400 ml Rinderfond (Glas)**
- **¼ l Milch**

1 Pilze in ⅛ l warmem Wasser ca. 20 Minuten einweichen. Nüsse grob hacken. Toast fein zerbröseln. Rosenkohl putzen und waschen. Kartoffeln schälen und waschen. Pilze abtropfen lassen, das Wasser dabei auffangen. Einweichwasser durchfiltern. Pilze nochmals gut abspülen, ausdrücken und sehr fein hacken. Mit Toastbröseln, Nüssen und 50 g Butter verkneten.

2 Kartoffeln in Salzwasser zugedeckt ca. 20 Minuten kochen. Rosenkohl in kochendem Salzwasser zugedeckt ca. 15 Minuten garen.

3 Steaks trocken tupfen. Öl in einer Pfanne erhitzen. Steaks darin von jeder Seite ca. 2 Minuten anbraten. Mit Salz und Pfeffer würzen. Aus der Pfanne nehmen, in eine ofenfeste Form setzen. Pilz-Nuss-Masse darauf verteilen. Dann im vorgeheizten Backofen (E-Herd: 225 °C/ Umluft: 200 °C/Gas: Stufe 4) 10–12 Minuten gratinieren.

4 Bratfett mit Fond und Pilzwasser ablöschen, aufkochen und ca. 10 Minuten auf etwa die Hälfte einkochen. Mit Salz und Pfeffer abschmecken.

5 Milch und 2–3 EL Butter erhitzen. Kartoffeln und Rosenkohl abgießen. ⅓ Rosenkohl und Milch-Butter-Mischung zu den Kartoffeln geben. Alles mit einem Kartoffelstampfer zerstampfen. Mit Salz und Muskat abschmecken. Mit Steaks und Rest Kohl anrichten.

Getränk: Rotwein, z. B. Lemberger.

ZUBEREITUNGSZEIT ca. 1 ½ Std.
EINWEICHZEIT ca. 20 Min.
PORTION ca. 730 kcal
53 g E • 38 g F • 39 g KH

Extra-Tipps

- Wenn Sie die Soße zum Steak lieber etwas sämiger mögen, mit 1–2 EL dunklem Soßenbinder andicken.
- Zum Garnieren: Von den gegarten Rosenkohlröschen einige Blättchen ablösen und über das Püree streuen.

Klassische Rinderrouladen

ZUTATEN FÜR 4–6 PERSONEN

- 1 mittelgroße Möhre
- 4 mittelgroße Zwiebeln
- 3 Gewürzgurken (Glas)
- 6 Rinderrouladen (à ca. 180 g)
- Salz • Pfeffer
- 3 TL mittelscharfer Senf
- 6–12 Scheiben geräucherter durchwachsener Speck
- 2 EL Butterschmalz
- 1 EL Tomatenmark
- 2–3 EL Mehl
- Rouladennadeln, Holzspießchen oder Küchengarn

1 Möhre schälen, waschen und grob würfeln. Zwiebeln schälen. 2 grob würfeln, 2 in feine Ringe schneiden. Gurken längs vierteln. Rouladen trocken tupfen, evtl. etwas flacher klopfen. Mit Salz und Pfeffer würzen, mit Senf bestreichen. Mit je 1–2 Scheiben Speck, 2 Gurkenvierteln und einigen Zwiebelringen belegen, sodass ein schmaler Rand frei bleibt. Von der schmalen Seite her aufrollen. Feststecken oder umwickeln.

2 Butterschmalz in einem großen Bräter erhitzen. Rouladen darin rundherum kräftig anbraten, herausnehmen. Möhren- und Zwiebelwürfel im Bratfett anbraten. Tomatenmark kurz mit anschwitzen. Mit ca. ¾ l Wasser ablöschen und aufkochen. Rouladen wieder in den Bräter geben und zugedeckt 1 ½–2 Stunden schmoren.

3 Rouladen warm stellen. Fond durch ein Sieb in einen Topf gießen. Mehl und etwas kaltes Wasser glatt rühren. In den Fond rühren, aufkochen und ca. 5 Minuten köcheln. Abschmecken. Rouladen in der Soße anrichten. Dazu schmecken grüne Bohnen und Salzkartoffeln.
Getränk: kräftiger Rotwein, z. B. Spätburgunder.

ZUBEREITUNGSZEIT ca. 2 ½ Std.
PORTION ca. 340 kcal
41 g E • 16 g F • 6 g KH

Burgundergulasch

ZUTATEN FÜR 4 PERSONEN

- 600 g Zwiebeln
- 3 Paprikaschoten (z. B. grün, gelb und rot)
- 3 EL Öl
- 800 g gemischtes Gulasch
- Salz • Pfeffer
- 1 EL Tomatenmark
- 1–2 EL Edelsüß-Paprika
- 1–2 Lorbeerblätter
- 150 ml trockener Rotwein (z. B. Burgunder)
- 100 g saure Sahne
- 2–3 gehäufte EL Mehl
- ½ Bund Petersilie

1 Zwiebeln schälen. Paprikaschoten putzen und waschen. Alles in grobe Würfel schneiden.

2 Öl in einem Bräter erhitzen. Fleisch darin portionsweise kräftig anbraten. Gesamtes Fleisch wieder in den Bräter geben. Mit Salz und Pfeffer würzen. Zwiebeln und Paprika kurz mitbraten. Tomatenmark einrühren und kurz anschwitzen. Edelsüß-Paprika, Lorbeer, 1 l Wasser und Wein einrühren. Aufkochen und zugedeckt ca. 1 ¾ Stunden schmoren.

3 Saure Sahne und Mehl glatt rühren. In das Gulasch rühren, aufkochen und ca. 5 Minuten weiterköcheln. Mit Salz, Pfeffer und Edelsüß-Paprika abschmecken. Petersilie waschen, fein hacken und darüberstreuen. Dazu schmecken Salzkartoffeln oder Nudeln.
Getränk: roter Landwein.

ZUBEREITUNGSZEIT ca. 2 ½ Std.
PORTION ca. 460 kcal
48 g E • 18 g F • 16 g KH

Paprika-Rollbraten auf Sauerkraut

ZUTATEN FÜR 4 PERSONEN

- ca. 150 g geröstete Paprika (Glas)
- 4 Zwiebeln
- 2 EL Öl
- 2 TL Tomatenmark
- Salz • Cayennepfeffer • Pfeffer
- 2 kleine Zweige Rosmarin
- 700 g Schweineschnitzel im Stück (vom Fleischer zur flachen Scheibe aufschneiden lassen)
- 1 Dose (850 ml) Sauerkraut
- ⅛ l Apfelsaft
- 1 Lorbeerblatt
- evtl. etwas Kümmel
- 1 TL klare Brühe
- 1 gehäufter TL Speisestärke
- Küchengarn

1 Paprika abtropfen lassen. Zwiebeln schälen. 3 Zwiebeln und Paprika fein würfeln. In 1 EL heißem Öl andünsten. Tomatenmark einrühren, anschwitzen. Mit Salz und Cayennepfeffer würzig abschmecken. Abkühlen lassen.

2 Rosmarin waschen und trocken schütteln. Fleisch mit der Paprika-Zwiebel-Füllung bestreichen, aufrollen und festbinden, dabei Rosmarin unter das Garn stecken. Rollbraten mit Salz und Cayennepfeffer würzen.

3 1 Zwiebel vierteln. Fleisch im Bräter in 1 EL heißem Öl rundherum kräftig anbraten. Zwiebelviertel kurz mitbraten. ⅜–½ l Wasser angießen. Offen im vorgeheizten Backofen (E-Herd: 175 °C/Umluft: 150 °C/Gas: Stufe 2) 50–60 Minuten braten und dabei öfter mit Bratenfond beschöpfen.

4 Sauerkraut im Topf ohne Fett kurz andünsten. Apfelsaft, ⅛ l Wasser, Lorbeer, Kümmel und Brühe zugeben. Aufkochen und zugedeckt ca. 30 Minuten schmoren.

5 Braten warm stellen. Stärke und etwas Wasser glatt rühren. Fond damit binden, kurz weiterköcheln. Mit Salz und Pfeffer abschmecken. Sauerkraut abschmecken. Alles anrichten. Dazu passen Salzkartoffeln.
Getränk: Weißweinschorle.

ZUBEREITUNGSZEIT ca. 1 ½ Std.
PORTION ca. 310 kcal
42 g E · 9 g F · 13 g KH

Schnitzel „Wiener Art" zu Kartoffel-Gurken-Salat

ZUTATEN FÜR 4 PERSONEN

- 1 kg festkochende Kartoffeln
- 1 Zwiebel
- 4 EL Weißweinessig
- ½ TL Gemüsebrühe
- Salz • Pfeffer • Zucker
- 1 Salatgurke
- 1–2 Knoblauchzehen
- 3 Stiele Petersilie
- 1 Bund Schnittlauch
- 4 Schweineschnitzel (à ca. 150 g)
- 2 Eier • 4 gehäufte EL Mehl
- 8 EL Paniermehl
- 2–3 EL Butterschmalz
- 100 g Schmand
- 150 g saure Sahne
- 2–3 EL Butter
- evtl. Bio-Zitrone zum Garnieren

1 Kartoffeln waschen und ca. 20 Minuten kochen. Abschrecken, schälen und abkühlen lassen.

2 Zwiebel schälen, würfeln. Mit ⅛ l Wasser, Essig und Brühe aufkochen, würzen. Kartoffeln in Scheiben schneiden, mit der Marinade mischen. Mind. 30 Minuten ziehen lassen. Gurke schälen und in dünne Scheiben hobeln. Knoblauch schälen, hacken. Petersilie und Schnittlauch waschen, getrennt fein schneiden.

3 Schnitzel trocken tupfen. Halbieren und etwas flacher klopfen. Eier, Salz und Pfeffer verquirlen. Schnitzel erst im Mehl, dann im Ei und zuletzt im Paniermehl wenden. Gut andrücken.

4 Butterschmalz in einer großen Pfanne erhitzen. Schnitzel darin pro Seite 3–4 Minuten braten. Warm stellen.

5 Schmand und saure Sahne verrühren. Mit Salz, Pfeffer und 1 Prise Zucker abschmecken. Mit Gurke und Schnittlauch unter die Kartoffeln heben. Butter erhitzen. Knoblauch und Petersilie darin kurz schwenken und über die Schnitzel gießen. Alles anrichten, garnieren.

Getränk: Bier, z. B. Pils.

ZUBEREITUNGSZEIT ca. 1 ½ Std.
ABKÜHL-/MARINIERZEIT mind. 1 Std.
PORTION ca. 680 kcal
48 g E • 26 g F • 60 g KH

Extra-Info

Das Original aus Österreich wird aus Kalbsschnitzeln zubereitet. Damit die Panade die typischen Blasen wirft, können Sie Eischnee oder Schlagsahne unter ein Eigelb mischen. Dann schwimmend in heißem Öl goldbraun braten.

Vinschgauer Rindsgulasch

ZUTATEN FÜR 4 PERSONEN

- 800 g Zwiebeln
- 1 kg Rindergulasch
- 4 EL Schweineschmalz
- Salz • 2 EL Rosenpaprika
- 150 ml trockener Rotwein
- 1–2 EL Weißweinessig
- 125 g Polenta (Maisgrieß)
- 2 Knoblauchzehen
- 1 Lorbeerblatt
- ½ TL getrockneter Majoran
- ½ TL abgeriebene Schale von 1 Bio-Zitrone
- 1 TL gemahlener Kümmel
- 1 EL weiche Butter • Pfeffer
- etwas Zitronensaft
- evtl. Majoran zum Garnieren

1 Zwiebeln schälen und grob würfeln. Fleisch trocken tupfen und evtl. etwas kleiner würfeln. Fleisch portionsweise in einem Bräter im heißen Schmalz kräftig anbraten. Herausnehmen. Zwiebeln im Bratfett goldgelb braten.

2 Gesamtes Fleisch zu den Zwiebeln geben. Alles mit Salz und Rosenpaprika würzen. Rotwein, Essig und ¼ l Wasser angießen und aufkochen. Zugedeckt 1–1 ½ Stunden schmoren. Zwischendurch evtl. noch ⅛–¼ l Wasser angießen.

3 1 TL Salz und Polenta in 1 l kochendes Wasser rühren. Aufkochen und bei schwacher Hitze ca. 30 Minuten quellen lassen, dabei mehrmals umrühren.

4 Knoblauch schälen, sehr fein hacken. Lorbeer zerbröseln. Beides mit Majoran, Zitronenschale, Kümmel und Butter verkneten. Unter das Gulasch rühren und kurz ziehen lassen. Mit Salz, Pfeffer und Zitronensaft abschmecken. Gulasch und Polenta anrichten. Mit Majoran garnieren. Dazu passt ein gemischter Salat.

Getränke: kräftiger Rotwein, z. B. Lagrein Riserva, und ein Grappa.

ZUBEREITUNGSZEIT ca. 2 Std.
PORTION ca. 590 kcal
59 g E • 21 g F • 30 g KH

Extra-Tipps

- Das Gulasch können Sie auch in der doppelten Menge zubereiten, denn es lässt sich gut einfrieren.
- Statt Polenta schmecken auch Kartoffelpüree oder Salzkartoffeln dazu.

Walnuss-Involtini in Marsala

ZUTATEN FÜR 4 PERSONEN

- 40 g getrocknete Tomaten
- 200 g Mozzarella
- 1 Knoblauchzehe
- 2 EL Walnusskerne
- 5–6 Stiele Thymian
- 6–8 dünne Scheiben Pancetta (ital. luftgetrockneter Speck) oder Bacon
- 6–8 dünne Schweineschnitzel (à ca. 125 g)
- 2 EL Öl • Salz • Pfeffer
- ⅛ l Marsala (ital. Dessertwein) oder Fleischbrühe
- 1–2 TL Speisestärke
- 12–16 Holzspießchen

1 Tomaten in ½ l heißem Wasser ca. 15 Minuten einweichen. Abtropfen lassen (das Einweichwasser aufbewahren) und fein würfeln. Mozzarella in 12–16 dünne Scheiben schneiden. Knoblauch schälen und hacken. Nüsse hacken. Thymian waschen und abzupfen.

2 Speckscheiben halbieren. Fleisch trocken tupfen, halbieren und etwas flacher klopfen. Mit je ½ Scheibe Speck und 1 Scheibe Mozzarella belegen. Tomaten, Nüsse und Thymian daraufstreuen. Aufrollen und mit Spießchen feststecken.

3 Öl im Bräter erhitzen. Röllchen darin rundherum kräftig anbraten. Knoblauch kurz mitbraten. Mit Salz und Pfeffer würzen. Mit Marsala und Einweichwasser ablöschen. Alles aufkochen und zugedeckt bei schwacher Hitze ca. 15 Minuten schmoren.

4 Röllchen warm stellen. Stärke und 2–3 EL kaltes Wasser glatt rühren. In die Soße rühren und nochmals aufkochen. Abschmecken und alles anrichten. Dazu schmecken Brokkoli und breite Bandnudeln.
Getränk: Rotwein, z. B. Chianti Classico.

ZUBEREITUNGSZEIT ca. 1 Std.
PORTION ca. 520 kcal
56 g E • 28 g F • 5 g KH

Extra-Tipp

Statt der getrockneten Tomaten können Sie auch in Öl eingelegte nehmen. Diese müssen Sie nicht einweichen. Statt des Einweichwassers ¼ l Brühe verwenden.

Züricher Geschnetzeltes

ZUTATEN FÜR 4 PERSONEN

- 600 g festkochende Kartoffeln
- 4 Schalotten oder 1 Zwiebel
- 600 g Kalbfleisch (Keule)
- 5 EL Butterschmalz
- Salz • Pfeffer • Zucker
- 3 EL Milch
- 1 EL Mehl
- 200 ml trockener Weißwein
- 250 g Schlagsahne
- Petersilie zum Garnieren

1 Kartoffeln waschen, in Wasser kochen. Abschrecken und die Schale abziehen. Kartoffeln mind. 2 Stunden, am besten über Nacht, auskühlen lassen.

2 Schalotten schälen und fein würfeln. Fleisch waschen, trocken tupfen und in dünne Streifen schneiden. Kartoffeln grob raspeln.

3 Kartoffeln in einer Pfanne (24 cm Ø) in 2 EL heißem Butterschmalz anbraten. Mit Salz und Pfeffer würzen. Zum flachen Fladen zusammendrücken, Milch darüberträufeln. Ca. 5 Minuten bei mittlerer Hitze goldbraun braten. Rösti mit einem flachen Topfdeckel wenden. Dabei 1 EL Butterschmalz in die Pfanne geben. Rösti ca. 5 Minuten braten.

4 Inzwischen das Fleisch in 2 EL heißem Butterschmalz portionsweise anbraten. Würzen und herausnehmen. Schalotten im heißen Bratfett glasig dünsten. Mit Mehl bestäuben und kurz anschwitzen. Wein und Sahne einrühren und aufkochen. Bei schwacher Hitze ca. 5 Minuten köcheln. Mit Salz, Pfeffer und Zucker abschmecken. Fleisch darin ca. 1 Minute erhitzen.

5 Rösti in 8 Stücke schneiden und mit Geschnetzeltem anrichten. Mit Petersilie garnieren. Dazu schmecken Erbsen und Möhren.
Getränk: Weißwein, z. B. Fendant oder Müller-Thurgau.

ZUBEREITUNGSZEIT ca. 1 ½ Std.
AUSKÜHLZEIT mind. 2 Std.
PORTION ca. 620 kcal
36 g E • 37 g F • 24 g KH

Lammsteaks mit Rotweinschalotten

ZUTATEN FÜR 4 PERSONEN

- **2–3 Knoblauchzehen**
- **2 Zweige Rosmarin**
- **4 Stiele Thymian**
- **4 Lammsteaks oder -filets (à ca. 140 g)**
- **Pfeffer • Salz**
- **Saft von ½ Zitrone**
- **7–8 EL Olivenöl**
- **1 kg festkochende Kartoffeln**
- **300 g Schalotten oder kleine Zwiebeln**
- **75 g Zucker**
- **¼ l trockener Rotwein**
- **6–7 EL weißer Balsamico-Essig**

1 Knoblauch schälen und in Scheiben schneiden. Kräuter waschen, trocken schütteln. Steaks trocken tupfen, mit Pfeffer würzen. In eine flache Form legen. Kräuter und Knoblauch darauf verteilen, mit Zitronensaft und 4 EL Öl beträufeln. Zugedeckt mind. 1 Stunde kalt stellen. Zwischendurch wenden.

2 Backblech mit 2 EL Öl fetten und mit Salz bestreuen. Kartoffeln schälen, waschen und halbieren. Mit der Schnittfläche nach unten auf das Blech legen. Im vorgeheizten Backofen (E-Herd: 200 °C/Umluft: 175 °C/Gas: Stufe 3) ca. 45 Minuten braten.

3 Schalotten schälen und halbieren oder vierteln. Zucker in einer Pfanne goldgelb karamellisieren. Mit Wein und Essig ablöschen. Köcheln, bis sich der Karamell gelöst hat. Schalotten zufügen und offen ca. 15 Minuten köcheln. Mit Salz und Pfeffer abschmecken.

4 Steaks aus der Marinade nehmen und trocken tupfen. In 1–2 EL heißem Öl pro Seite 2–3 Minuten braten. Kräuter und Knoblauch aus der Marinade nehmen und kurz mitbraten. Steaks mit Salz und Pfeffer würzen. Alles anrichten.
Getränk: trockener Rotwein, z. B. Spätburgunder.

ZUBEREITUNGSZEIT ca. 1 Std.
MARINIERZEIT mind. 1 Std.
PORTION ca. 590 kcal
35 g E • 17 g F • 60 g KH

Krustenbraten mit Käsekartoffeln

ZUTATEN FÜR 6 PERSONEN

- 1,6–1,8 kg Schweinekrustenbraten (aus der Keule)
- Salz • Pfeffer • Muskat
- 1 TL getrockneter Majoran
- etwas Öl
- 1 kleines Bund Suppengrün
- 4 Zwiebeln
- 1 Lorbeerblatt • 4–5 TL Brühe
- 1,5 kg Kartoffeln
- 50 g geräucherter durchwachsener Speck
- 50 g + etwas Butter/Margarine
- 50 g Mehl • ½ l Milch
- 100 g Gouda (Stück)
- 2–3 EL dunkler Soßenbinder
- evtl. Petersilie zum Garnieren
- Alufolie

1 Fleisch waschen und trocken tupfen. Schwarte rautenförmig einschneiden. Fleisch, bis auf die Schwarte, mit Salz, Pfeffer und Majoran würzen. Auf die geölte Fettpfanne setzen und im heißen Ofen (E-Herd: 175 °C/Umluft: 150 °C/Gas: Stufe 2) zunächst 2 Stunden braten.

2 Suppengrün putzen, waschen und in Stücke schneiden. Zwiebeln schälen und würfeln. Nach ca. 20 Minuten Gemüse, Hälfte Zwiebeln und Lorbeer um das Fleisch verteilen. Nach ca. 1 Stunde 2–3 TL Brühe in ¾ l heißem Wasser auflösen. Nach und nach angießen.

3 Inzwischen Kartoffeln waschen und ca. 20 Minuten kochen. Abschrecken, schälen und etwas abkühlen lassen.

4 Nach 2 Stunden Bratzeit die Schwarte mit kaltem, stark gesalzenem Wasser einstreichen. Ofen auf 200 °C (Umluft: 175 °C/Gas: Stufe 3–4) hochschalten und 45–60 Minuten weiterbraten.

5 Speck fein würfeln und in 50 g heißem Fett auslassen. Rest Zwiebelwürfel mit andünsten. Mehl darüberstäuben und kurz anschwitzen. Milch, ½ l Wasser und 2 TL Brühe einrühren, aufkochen. Ca. 5 Minuten köcheln. Kartoffeln in Scheiben schneiden.

6 Käse reiben, die Hälfte in der Soße schmelzen. Mit Salz, Pfeffer und Muskat abschmecken. Kartoffeln in der Soße erhitzen. In eine große gefettete Auflaufform füllen. Mit Rest Käse bestreuen.

7 Braten herausnehmen und Soßenfond in einen Topf sieben. Braten in Alufolie warm halten. Kartoffeln bei höchster Hitze oder unter dem heißen Grill goldbraun überbacken. Fond evtl. entfetten und etwas einkochen. Mit Soßenbinder leicht andicken und abschmecken. Alles anrichten und mit Petersilie garnieren. **Getränk:** Bier, z. B. Pils.

ZUBEREITUNGSZEIT ca. 3½ Std.
PORTION ca. 990 kcal
68 g E • 54 g F • 51 g KH

Zitronen-Lammkeule

ZUTATEN FÜR 6 PERSONEN

- 2 Möhren
- 3 Zwiebeln
- 4 Knoblauchzehen
- 5–6 Stiele Thymian
- 2 Bio-Zitronen
- 1,5 kg ausgelöste Lammkeule
- Salz • Pfeffer • Cayennepfeffer
- 2–3 EL Öl
- 400 ml Lammfond (Glas)

1 Möhren schälen und waschen. Zwiebeln schälen. Beides in Stücke schneiden. Knoblauch schälen. Thymian waschen, Blättchen abzupfen. Zitronen heiß waschen und abtrocknen. Von 1 Zitrone Schale fein abreiben, Zitrone halbieren und auspressen.

2 Fleisch trocken tupfen. Mit Salz, Pfeffer und etwas Cayennepfeffer einreiben. Öl im Bräter erhitzen. Fleisch darin rundherum kräftig anbraten, herausnehmen. Möhren, Zwiebeln, Knoblauch, Thymian und Hälfte Zitronenschale im heißen Bratfett anbraten.

3 Fond und Zitronensaft angießen. Braten daraufsetzen und mit Rest Zitronenschale bestreuen. Aufkochen und zugedeckt im vorgeheizten Backofen (E-Herd: 175 °C/Umluft: 150 °C/Gas: Stufe 2) ca. 2 ½ Stunden schmoren. Zwischendurch ca. ¼ l Wasser angießen. Übrige Zitrone in Scheiben schneiden und ca. 15 Minuten mitschmoren.

4 Braten herausnehmen. Fond aufkochen und einköcheln. Mit Salz und Pfeffer abschmecken. Fleisch aufschneiden und mit der Soße anrichten. Dazu schmecken Basilikummöhren und Salzkartoffeln.
Getränk: Rotwein, z. B. Chianti.

ZUBEREITUNGSZEIT ca. 3 ¼ Std.
PORTION ca. 660 kcal
47 g E • 49 g F • 4 g KH

Schnitzel-Lasagne

ZUTATEN FÜR 8 PERSONEN

- 2 große Zwiebeln
- 1,2 kg Paprikaschoten (z. B. grün, gelb und rot)
- Salz • Pfeffer
- 1 TL Rosenpaprika
- 8 dünne Schweineschnitzel (à ca. 150 g)
- 100 g Mehl
- Fett für die Form
- 400 g Schlagsahne
- 150 g Ajvar (Paprikazubereitung; Glas)
- 100 g Gouda (Stück)
- 500 g Bandnudeln
- 3–4 Stiele Petersilie
- Alufolie

1 Zwiebeln schälen und fein würfeln. Paprika putzen, waschen und fein würfeln. Beides mischen. Mit Salz, Pfeffer und Paprikapulver würzen.

2 Schnitzel trocken tupfen. Mit Salz und Pfeffer würzen. In Mehl wenden, abklopfen. Schnitzel und Paprikamischung im Wechsel in eine große gefettete Auflaufform (ca. 35 cm lang) schichten. Sahne und Ajvar verrühren, darübergießen. Form mit Alufolie verschließen und im vorgeheizten Backofen (E-Herd: 175 °C/ Umluft: 150 °C/Gas: Stufe 2) zunächst ca. 1 ½ Stunden garen. Dann ca. 1 Stunde offen weitergaren.

3 Käse reiben und über den Auflauf streuen. Bei gleicher Temperatur weitere 20–25 Minuten offen überbacken.

4 Nudeln in reichlich kochendem Salzwasser 8–10 Minuten bissfest garen. Petersilie waschen und etwas zum Garnieren beiseite legen. Rest fein schneiden. Nudeln abtropfen lassen und mit der Schnitzel-Lasagne anrichten. Mit Petersilie bestreuen und garnieren.
Getränk: Weißwein, z. B. Chardonnay.

ZUBEREITUNGSZEIT ca. 3 ½ Std.
PORTION ca. 680 kcal
49 g E • 24 g F • 62 g KH

Alleskönner Hack

Ob für Frikadellen, Braten, Soßen oder Auflauf – nichts ist so vielseitig und beliebt. Und alle Rezepte gelingen ganz einfach

Warenkunde Hackfleisch

GEMISCHTES HACK ist am beliebtesten. In vielen Regionen ist es auch als „halb und halb“ bekannt.

RINDERHACK kann als magerere Alternative zum gemischten Hack verwendet werden.

SCHWEINEHACK wird meist aus der Schulter bzw. dem Bug des Schweines hergestellt.

LAMMHACK mit seinem kräftigen Geschmack kommt häufig in der türkischen Küche vor.

Multitalent Hack

Der Einsatz von Hackfleisch in der Küche ist sehr abwechslungsreich. Es kann pur, als Frikadelle oder Braten, in Soßen wie Bolognese, in Eintöpfen wie Chili con Carne, als Füllung in Paprika und Kohlrouladen oder in Aufläufen wie Lasagne gegessen werden. Hackfleisch lässt sich aus vielen Fleischarten herstellen. Um es zu erhalten, werden grob zerteilte, rohe Fleischstücke fein zerkleinert, indem man sie durch einen Fleischwolf dreht.

Artenvielfalt

Schweinehack besteht aus grob entfettetem Schweinefleisch. Es enthält mit maximal 35 % relativ viel Fett.

Rinderhack wird aus grob entsehntem und entfettetem Rindfleisch gewonnen und ist mit höchstens 20 % Fett im Vergleich zu anderen Sorten eher mager.

Gemischtes Hack besteht zu gleichen Teilen aus Schweine- und Rindfleisch und wird am häufigsten verwendet. Die Mischung hat einen Fettgehalt von höchstens 30 % und ist ein guter Kompromiss zwischen eher fettem Schweinehack und dem beim Braten eher trocken werdenden Rinderhack.

Beefsteakhack, auch bekannt als Schabefleisch oder Tatar, ist ein besonders mageres und entsehntes Rinderhack aus schierem Muskelfleisch mit höchstens 6 % Fett. Frisch wird es auch roh verzehrt.

Schweinemett besteht aus schon fertig gewürztem Schweinehack und kann ebenfalls ungegart verzehrt werden. Mit Zwiebeln verfeinert, wird es gern als Thüringer Mett auf Brot gegessen.

Kalbshack hat einen feinen, zarten Eigengeschmack und eignet sich ideal zum Mischen und Kombinieren mit anderen Sorten wie Rinder- oder Schweinehack.

Lammhack wird aus dem Fleisch von sechs bis zwölf Monate alten Schafen hergestellt und hat einen intensiven Geschmack. Es ist mager und kann daher gut mit Schweinehack gemischt werden.

Verarbeitung

Hackfleisch unterliegt sehr strengen Regelungen, da es wegen seiner vergrößerten Fleischoberfläche durch das Wolfen sehr schnell verdirbt. Es darf nur am Tag seiner Herstellung verkauft werden und muss zu jeder Zeit unter 4 °C gekühlt sein. Außerdem sollte es am gleichen Tag weiterverarbeitet werden. Unter Schutzatmosphäre verpacktes Hackfleisch ist einige Tage länger haltbar.

Lagerung im Haushalt

Hackfleisch immer gut durchgaren – in der Mitte darf kein rosa Kern mehr sein. So hält es sich im Kühlschrank maximal zwei Tage. Eingefroren lässt sich mageres Hack bis zu sechs Monate lagern, fettigeres Hackfleisch sollte nur zwei bis drei Monate eingefroren werden. Hierfür muss es immer frisch sein und möglichst in kleinen, flachen Portionen luftdicht verpackt werden. Nicht vergessen, das Einfrierdatum auf der Verpackung zu vermerken. Nach dem Auftauen das Hackfleisch sofort verarbeiten und nicht mehr roh verzehren.

SCHWEINEMETT oder Hackepeter wird gern z. B. als Igel auf rustikalen Partybuffets angeboten.

BEEFSTEAKHACK wird feiner zerkleinert als Rinderhack. Häufig verwendet man das zarte Filetstück.

LOCKERUNGSMITTEL für gute Ergebnisse: Damit das Hackfleisch beim Braten schön locker und saftig bleibt, kann man bei der Zubereitung z. B. eingeweichte Brötchen oder Toastbrot, Haferflocken, geriebene Kartoffel oder Semmelbrösel hinzufügen. Für die Bindung sorgen Ei oder Quark.

Hackteig

1 Brötchen oder Toastbrot vom Vortag in kaltem Wasser oder Milch 5–10 Minuten einweichen, anschließend ausdrücken.

2 Zwiebeln schälen und fein würfeln. **500 g gemischtes Hack** und **1 Ei** in einer Schüssel gut verkneten.

Mit **1 TL Senf, Salz, frisch gemahlenem Pfeffer** und **Edelsüß-Paprika** würzen und alles nochmals mit den Händen gut vermischen.

Frikadellen (Rezepte S. 72, 74, 77)

Ein Schälchen **Wasser** bereitstellen. Den Hackteig (s. o.) mit angefeuchteten Händen erst zu Bällchen drehen, dann etwas flacher drücken.

2 EL Öl in einer großen Pfanne erhitzen und die Frikadellen darin bei mittlerer Hitze ca. 5 Minuten von einer Seite goldbraun braten.

Mithilfe von zwei Pfannenwendern umdrehen und auf der anderen Seite ca. 5 Minuten weiterbraten. Herausnehmen und abtropfen lassen.

Hackbraten (Rezept S. 75)

Für einen großen Braten den Hackteig (s. o.) auf der Arbeitsplatte flach drücken. Mit **Klarsichtfolie** bedecken und mit der Teigrolle ausrollen.

Füllung aus **Frischkäse** und **Paprikawürfeln** auf den Hackteig verteilen. Die Folie an der Längsseite anheben und den Braten aufrollen.

Den Braten auf ein mit **Backpapier** ausgelegtes Backblech legen. Die Seiten mit angefeuchteten Händen verschließen und glatt streichen.

Minihacksteaks mit Röstgemüse

ZUTATEN FÜR 4 PERSONEN

- 1 Zwiebel
- 400 g Beefsteakhack (Tatar)
- 2 EL Senf
- 500 g Speisequark (20 % Fett)
- Edelsüß-Paprika
- Salz • Pfeffer
- 4 mittelgroße Möhren
- 750 g Kartoffeln
- 2 Bund Lauchzwiebeln
- 1 Bund Petersilie
- 4 EL Öl
- ⅛ l Milch

1 Zwiebel schälen, fein würfeln. Hack, Hälfte Zwiebel, Senf und 4 EL Quark verkneten. Mit Edelsüß-Paprika, Salz und Pfeffer würzen. Aus der Masse mit angefeuchteten Händen 8 runde Hacksteaks formen.

2 Möhren und Kartoffeln schälen, waschen und in Scheiben schneiden. Lauchzwiebeln putzen, waschen und in Ringe schneiden, 3 EL beiseite legen. Petersilie waschen und hacken.

3 1 EL Öl in einer Pfanne erhitzen. Die Hacksteaks bei mittlerer Hitze pro Seite ca. 5 Minuten braten. Herausnehmen und warm stellen.

4 2 EL Öl im Bratfett erhitzen. Kartoffeln darin ca. 20 Minuten goldbraun braten. In einer zweiten Pfanne 1 EL Öl erhitzen. Möhren darin ca. 10 Minuten, Lauchzwiebeln und Rest Zwiebel ca. 5 Minuten braten. Alles mit Salz, Pfeffer und 2 EL Petersilie würzen.

5 Inzwischen Rest Quark, Milch und Reste Petersilie und Lauchzwiebeln glatt verrühren. Mit Salz und Pfeffer abschmecken. Alles anrichten.
Getränk: Bier, z. B. Radler.

ZUBEREITUNGSZEIT ca. 45 Min.
PORTION ca. 500 kcal
45 g E • 19 g F • 33 g KH

Weißkohl-Mett-Auflauf

ZUTATEN FÜR 6 PERSONEN

- 1 Brötchen (vom Vortag)
- 1 Weißkohl (ca. 1,2 kg)
- Salz • Pfeffer • Edelsüß-Paprika
- 1 mittelgroße Zwiebel
- 1 Knoblauchzehe
- 500 g Schweinemett
- 1 TL mittelscharfer Senf
- 1 Ei
- 250 g passierte Tomaten
- Fett für die Form
- 8–10 Scheiben geräucherter durchwachsener Speck
- 100 g Schlagsahne
- Alufolie

1 Brötchen in Wasser einweichen. Kohl putzen, vierteln und waschen. Den Strunk herausschneiden. Die Kohlblätter ablösen und in reichlich kochendem Salzwasser 4–5 Minuten blanchieren, dann abtropfen lassen. Dicke Blattrippen flach schneiden.

2 Zwiebel und Knoblauch schälen, fein würfeln. Mit Mett, ausgedrücktem Brötchen, Senf und Ei verkneten. Mit wenig Salz, Pfeffer und Edelsüß-Paprika würzen. Passierte Tomaten mit Salz und Pfeffer abschmecken.

3 Abwechselnd Kohl, Tomaten und Mett in eine gefettete Auflaufform schichten. Dabei mit Kohl abschließen. Auflauf mit Speckscheiben belegen.

4 Form mit Alufolie abdecken und alles im vorgeheizten Backofen (E-Herd: 150 °C/Umluft: 125 °C/Gas: Stufe 1) zunächst ca. 1 Stunde backen.

5 Sahne darübergießen und zugedeckt ca. 15 Minuten weiterbacken. Backofen hochschalten (E-Herd: 200 °C/Umluft: 175 °C/Gas: Stufe 3) und den Auflauf offen ca. 15 Minuten zu Ende backen.
Getränk: Weißwein oder Saftschorle.

ZUBEREITUNGSZEIT ca. 2 Std.
PORTION ca. 470 kcal
27 g E • 31 g F • 17 g KH

Gratinierte Pizzafrikadellen

ZUTATEN FÜR 8 PERSONEN

- 5 Scheiben Toastbrot
- 2 mittelgroße Zwiebeln
- 1–2 Knoblauchzehen
- 500 g Champignons
- 1 kg gemischtes Hack
- 3 Eier • 1 EL Tomatenmark
- Salz • Pfeffer • Zucker
- 1–2 TL Pizzagewürz
- 4–5 EL Öl
- 1 TL getrockneter Oregano
- 1 Dose (850 ml) Tomaten
- 200 g Schlagsahne
- 1 TL klare Brühe
- 100 g mittelalter Gouda (Stück)
- evtl. Oregano zum Garnieren

1 Brot in Wasser einweichen. Zwiebeln und Knoblauch schälen, fein würfeln. Pilze putzen, evtl. waschen und je nach Größe halbieren oder vierteln. Hack, ausgedrücktes Brot, Eier, Hälfte Zwiebeln, Tomatenmark, Salz, Pfeffer und Pizzagewürz verkneten. Daraus mit angefeuchteten Händen 16–18 Frikadellen formen.

2 3–4 EL Öl portionsweise in einer großen Pfanne erhitzen. Frikadellen darin pro Seite ca. 3 Minuten anbraten. In eine große ofenfeste Form setzen.

3 1 EL Öl im Bratfett erhitzen. Pilze darin 5–6 Minuten braten. Knoblauch und Rest Zwiebeln kurz mitbraten. Mit Salz, Pfeffer und Oregano würzen. Tomaten samt Saft zufügen und grob zerkleinern. ⅛ l Wasser, Sahne und Brühe zufügen. Alles aufkochen und ca. 5 Minuten köcheln. Mit Salz, Pfeffer und 1 Prise Zucker abschmecken.

4 Tomatenrahm über die Frikadellen gießen. Käse raspeln, darüberstreuen. Im vorgeheizten Backofen (E-Herd: 200 °C/Umluft: 175 °C/Gas: Stufe 3) ca. 30 Minuten überbacken. Mit Oregano garnieren. Dazu schmeckt Ciabatta.
Getränk: kräftiger Weißwein, z. B. Chardonnay.

ZUBEREITUNGSZEIT ca. 1 ¼ Std.
PORTION ca. 630 kcal
37 g E • 46 g F • 13 g KH

Hackbraten mit Fetakäse

ZUTATEN FÜR 4 PERSONEN

- 2 Scheiben Toastbrot
- 4 Zwiebeln
- 1 Knoblauchzehe
- 750 g Rinderhack
- 1 TL getrockneter Majoran
- 1 Ei • 2–3 TL Senf
- Salz • Pfeffer
- 100 g Fetakäse
- etwas + 1 EL Öl
- 600 g TK-grüne-Bohnen
- 50–75 g Frühstücksspeck (Bacon)
- 150–200 g Pfifferlinge
- 1 leicht gehäufter EL Mehl
- 100 g Schlagsahne
- 1 TL klare Brühe
- 2–3 Stiele Thymian oder Majoran

1 Toast in kaltem Wasser einweichen. 2 Zwiebeln und Knoblauch schälen, in feine Würfel schneiden. Toast ausdrücken. Mit Hack, Knoblauch, Hälfte Zwiebeln, Majoran, Ei und Senf verkneten. Mit Salz und Pfeffer würzen. Feta würfeln und vorsichtig unterkneten. Aus der Masse einen ovalen Braten formen.

2 In eine geölte Auflaufform legen und im vorgeheizten Backofen (E-Herd: 200 °C/Umluft: 175 °C/Gas: Stufe 3) 1–1 ¼ Stunden braten. Bohnen in kochendem Salzwasser ca. 10 Minuten vorgaren. Abgießen und abtropfen lassen.

3 Speck in Streifen schneiden und anbraten. 2 Zwiebeln schälen, in Spalten schneiden und kurz mit anbraten. Bohnen zufügen und im Speckfett schwenken. Mit Salz und Pfeffer würzen.

4 Pilze putzen, in 1 EL heißem Öl kräftig anbraten. Hälfte der restlichen Zwiebeln mit andünsten. Mit Salz und Pfeffer würzen. Mehl darüberstäuben, kurz anschwitzen. 200 ml Wasser, Sahne und Brühe einrühren, aufkochen. Ca. 5 Minuten köcheln. Kräuter waschen und hacken. Unter die Pilze heben. Alles anrichten. Dazu passt Kartoffelpüree.
Getränk: Saftschorle oder Bier.

ZUBEREITUNGSZEIT ca. 1 ¾ Std.
PORTION ca. 950 kcal
61 g E • 56 g F • 43 g KH

Königsberger Klopse

ZUTATEN FÜR 4–6 PERSONEN

- 1 Brötchen (vom Vortag)
- 2 mittelgroße Zwiebeln
- 750 g gemischtes Hack
- 1 Ei + 1 Eigelb
- Salz • Pfeffer
- 1 Lorbeerblatt
- 1 kg Kartoffeln
- 1 Bund Petersilie
- 5 EL (50 g) Butter
- 5 EL (50 g) Mehl
- 200 g Schlagsahne
- 2 EL (50 g) Kapern (Glas)
- 1–2 EL Zitronensaft
- Zucker

1 Brötchen in Wasser ca. 20 Minuten einweichen, dann ausdrücken. Zwiebeln schälen, 1 fein würfeln. Hack, ausgedrücktes Brötchen, Zwiebelwürfel, 1 Ei, Salz und Pfeffer in eine Schüssel geben und alles verkneten. Daraus mit angefeuchteten Händen ca. 12 Klopse formen.

2 Ca. 3 l leicht gesalzenes Wasser in einem weiten Topf aufkochen. Übrige Zwiebel halbieren und mit dem Lorbeerblatt ins Salzwasser geben. Die Klopse hineingeben und darin bei schwacher Hitze 15–20 Minuten gar ziehen lassen.

3 Kartoffeln schälen und waschen. In Salzwasser zugedeckt ca. 20 Minuten kochen. Petersilie waschen und fein hacken. Klopse mit einer Schaumkelle herausheben und abtropfen lassen. Die Fleischbrühe durch ein feines Sieb in eine Schüssel gießen und für die Soße ca. 1 l Brühe abmessen (die übrige Brühe anderweitig verwenden).

4 Butter in einem Topf erhitzen. Mehl einrühren und anschwitzen. Die Brühe und Sahne nach und nach einrühren. Unter Rühren aufkochen. Soße ca. 5 Minuten köcheln lassen, öfter umrühren. Zum Legieren der Soße 1 Eigelb in einer kleinen Schüssel mit einer Gabel oder einem kleinen Schneebesen verquirlen. Ca. 4 EL Soße unter Rühren zufügen. Dann in die übrige Soße rühren (nicht mehr kochen, damit sie nicht gerinnt).

5 Kapern zufügen und die Soße mit Salz, Pfeffer, Zitronensaft und 1 Prise Zucker abschmecken. Klopse in die Soße geben und kurz erhitzen. Kartoffeln abgießen. Klopse mit den Kartoffeln anrichten und mit Petersilie bestreuen. Dazu schmecken eingelegte Rote Bete.
Getränk: Bier, z. B. Pils.

ZUBEREITUNGSZEIT ca. 1 Std.
PORTION ca. 690 kcal
32 g E • 45 g F • 33 g KH

Laugenfrikadellen aus dem Ofen

ZUTATEN FÜR 8–10 PERSONEN

- 2 kg festkochende Kartoffeln
- 2 Laugenbrötchen
- 4 mittelgroße Zwiebeln
- 200 g geräucherter durchwachsener Speck
- 6–8 EL Weißweinessig
- 1–2 TL Gemüsebrühe
- 1 Stück (ca. 50 g) Meerrettich (ersatzweise 1 EL geriebener; Tube/Glas)
- Salz • Pfeffer
- 4 EL + etwas Öl
- 750 g gemischtes Hack
- 500 g Schweinemett
- 3 EL süßer Senf
- 2 Eier
- 2 TL Rosenpaprika
- 1 Bund Schnittlauch
- evtl. Petersilie zum Garnieren
- Backpapier

1 Kartoffeln waschen und zugedeckt ca. 20 Minuten kochen. Dann abschrecken, schälen und abkühlen lassen. Brötchen einweichen.

2 Zwiebeln schälen und fein würfeln. Speck fein würfeln. In einer Pfanne ohne Fett knusprig braten. Hälfte Zwiebeln kurz mitbraten. Ca. 3/8 l Wasser, Essig und Brühe zufügen. Meerrettich schälen und hineinraspeln. Mit Salz und Pfeffer würzen. Kartoffeln in Scheiben schneiden. Mit Marinade und 4 EL Öl mischen, ca. 30 Minuten ziehen lassen.

3 Brötchen ausdrücken. Mit Hack, Mett, Rest Zwiebeln, Senf, Eiern, Rosenpaprika, Pfeffer und 1 gehäuften TL Salz verkneten. Daraus mit angefeuchteten Händen ca. 24 Frikadellen formen und auf ein mit Backpapier ausgelegtes Backblech setzen.

4 Im vorgeheizten Backofen (E-Herd: 200 °C/Umluft: 175 °C/Gas: Stufe 3) ca. 30 Minuten braten. Schnittlauch waschen, in Röllchen schneiden. Unter den Kartoffelsalat heben und abschmecken. Alles anrichten, mit Petersilie garnieren. **Getränk:** Bier, z. B. Hefeweizen.

ZUBEREITUNGSZEIT ca. 1 ½ Std.
ABKÜHL-/MARINIERZEIT ca. 1 Std.
PORTION ca. 700 kcal
34 g E • 45 g F • 34 g KH

Gefüllte Auberginen

ZUTATEN FÜR 4–6 PERSONEN

- 3 Zwiebeln
- 4 Knoblauchzehen
- 5–6 Stiele Thymian
- 1 Zweig Rosmarin
- 3 EL Olivenöl
- 2 EL Tomatenmark
- 500 g stückige Tomaten
- 1 EL klare Brühe
- Salz • Pfeffer
- 40 g Parmesan (Stück)
- ½ Bund glatte Petersilie
- 600 g Rinder- oder Lammhack
- 2 Eier
- 2 EL Paniermehl
- 150–200 g Fetakäse
- 4 kleine Auberginen (à 200–250 g)

1 Zwiebeln und Knoblauch schälen, fein würfeln. Thymian und Rosmarin waschen und etwas Thymian zum Garnieren beiseite legen. Rest fein hacken. Jeweils ⅔ Zwiebeln, Knoblauch, Rosmarin und Thymian in 1 EL heißem Öl andünsten. Abkühlen lassen.

2 2 EL Öl erhitzen. Rest Zwiebeln und Knoblauch kurz darin anschwitzen. Tomatenmark, Tomaten, 400 ml Wasser, Brühe und den Rest gehackte Kräuter zufügen. Aufkochen und unter Rühren ca. 5 Minuten köcheln. Mit Salz und Pfeffer abschmecken.

3 Parmesan reiben. Petersilie waschen und hacken. Mit Hack, der Zwiebelmischung, Eiern, Paniermehl, Parmesan, etwas Salz und Pfeffer verkneten. Fetakäse zerbröckeln und darunterkneten.

4 Auberginen putzen, waschen, trocken tupfen und längs halbieren. Hälften etwas aushöhlen. Schnittflächen mit Salz und Pfeffer würzen. Hackmasse in die Auberginenhälften drücken.

5 Tomatensoße und Auberginen in einen großen weiten Bräter geben. Zugedeckt im vorgeheizten Ofen (E-Herd: 200 °C/Umluft: 175 °C/Gas: Stufe 3) ca. 2 Stunden schmoren. Nach ca. 1 ½ Stunden den Deckel abnehmen und offen zu Ende schmoren. Mit übrigem Thymian garnieren. Dazu schmeckt Reis.
Getränk: Bier, z. B. dunkles.

ZUBEREITUNGSZEIT ca. 2 ¾ Std.
PORTION ca. 470 kcal
36 g E • 29 g F • 12 g KH

Wunderbares mit Geflügel

Zarte Entenbrust oder lieber Zitronenhähnchen? Feiner Geschmack und tolles Aroma sind bei diesen beliebten Rezepten garantiert

HÄHNCHEN kann man super im Ganzen braten. Hier ist für jeden das richtige Stück Fleisch dabei.

ENTE besitzt eine ausgeprägte Fettschicht. Dadurch wird die Haut beim Braten herrlich knusprig.

PUTE wird frisch oder tiefgekühlt angeboten. Als ganzer Braten ist besonders die Babypute beliebt.

GÄNSEBRATEN gehört für viele zur Weihnachtszeit. Ein großes Tier reicht für die ganze Familie.

Hähnchen

Am häufigsten kommen **Hähnchen** mit 0,7–1,2 kg auf den Markt. **Poularden** oder **Bauernhähnchen** sind schwerer und haben schmackhaftes Muskelfleisch. **Maishähnchen** werden mit Mais gemästet und liefern besonders feines Fleisch. **Suppenhühner** sind Legehennen, die zwölf bis 15 Legemonate alt werden.

Ente

Die aus China stammende **Hausente** oder **Pekingente** (im Handel „Ente“) hat einen hohen Fettanteil. Beim Braten bleibt das Fleisch saftig und die Haut wird knusprig. **Frühmastenten** (s. Foto oben) wiegen 1,5–2 kg, Enten 1,8–2,5 kg. Die französische **Barbarie-Ente** ist magerer und besitzt zartes, saftiges Fleisch. Geschmacklich ähnelt sie **Wildenten**. Weibliche Tiere wiegen ca. 1,6 kg, männliche bis 3 kg.

Pute

Unser größtes und schwerstes Hausgeflügel nennt man in Norddeutschland Pute, im Süden Truthahn. Als **junge Pute** bezeichnet man Tiere, die vor der Geschlechtsreife geschlachtet werden. Sie bringen ein Bratgewicht von 2–6 kg auf die Waage. **Pute** ist die Bezeichnung für Hennen mit 15–16, bei Hähnen bis zu 24 Wochen Mastdauer. Weibliche Puten erreichen 7–9 kg, männliche bringen bis zu 17 kg auf die Waage. Brust und Flügel liefern weißes, zartes Fleisch.

Gans

Der Martinstag (11. November) läutet die Gänsesaison ein. Deutsche Gänse werden größtenteils frisch vermarktet und stammen wünschenswerterweise aus Weidemast. Diese tierfreundliche Aufzucht ist zu bevorzugen. Auch weil das Fleisch aromatischer und weniger fett ist. Preiswerte Importe aus Polen und Ungarn werden in kurzer Zeit gemästet, oft unter widrigen Bedingungen für die Tiere. **Jungmastgänse** (s. Foto oben) wiegen 3–4 kg, **junge Gänse** 4–6 kg.

Teilstücke

Hähnchenbrust mit Haut und Knochen (ca. 500 g) ist für Suppen, Salate und Ragouts geeignet. **Doppelte Brustfilets** bringen 200–400 g auf die Waage, es gibt sie auch **einzeln** (s. Foto unten). **Entenbrustfilets** werden zwischen 250 g und 400 g angeboten. Außerdem gibt es separate **Entenkeulen. Putenfilet** ist das zarteste Teil der Pute. **Putenschnitzel** werden aus der **Putenbrust** geschnitten. Diese ist außerdem prima für Rouladen, Braten, Medaillons und Ragout. **Putenkeulen** haben dunkles Fleisch. Sie können **ganze,** aber auch **Ober- und Unterkeulen** kaufen. Genau wie **Gänsekeulen** (gibt es frisch und tiefgefroren).

Qualität kaufen!

BEVORZUGEN SIE „BIO“
Wachsender Beliebtheit erfreut sich Bio-Geflügel. Die strengen Vorschriften bei der Aufzucht bevorzugen langsam wachsende Rassen, regeln Mindestalter und Gewicht. Die Tiere bekommen reichlich Auslauf und Futter aus Öko-Getreide. Der Antibiotikaeinsatz bei der Mast ist verboten.

EINWANDFREIE TK-WARE
Tiefgefrorenes Geflügel wird oft preiswert angeboten. Überprüfen Sie, ob die Verpackung nicht beschädigt ist, da sonst Gefrierbrand entsteht und das Fleisch bei der Zubereitung an den betroffenen Stellen zäh bleibt. Bei verpackter Frischware auf das Mindesthaltbarkeitsdatum achten. Möglichst bald zubereiten, max. zwei Tage im Kühlschrank lagern. Geflügel immer gut durchbraten!

HÄHNCHENBRUSTFILET eignet sich am besten zum Kurzbraten im Ganzen oder als Geschnetzeltes.

ENTENBRUSTFILET ist ein edles Kurzbratstück. Von der muskulösen Barbarie-Ente eine Delikatesse.

PUTENSCHNITZEL sind mager und schön saftig zugleich. Ideal zum Braten oder Schmoren als Röllchen.

GÄNSEKEULEN kann man lecker braten und schmoren, wenn eine ganze Gans mal zu viel ist.

Ofenhähnchen zubereiten (Rezept S. 86)

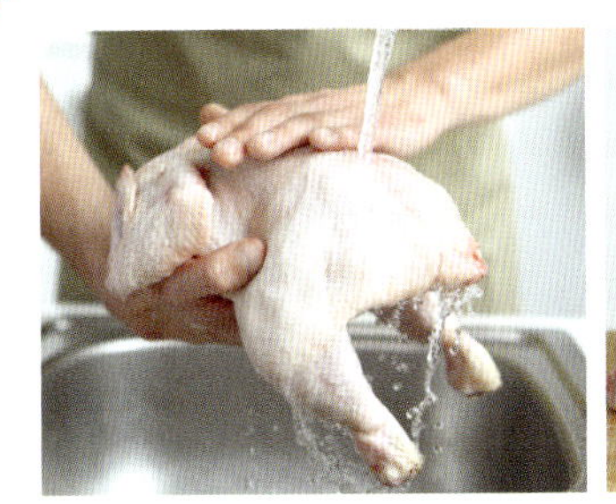

Ein **küchenfertiges Brathähnchen** innen und außen unter fließendem Wasser abspülen. Mit Küchenpapier trocken tupfen.

Das Hähnchen von innen mit Salz und Pfeffer würzen. Außen eine **Salz-Pfeffer-Mischung** mit den Händen gut einmassieren.

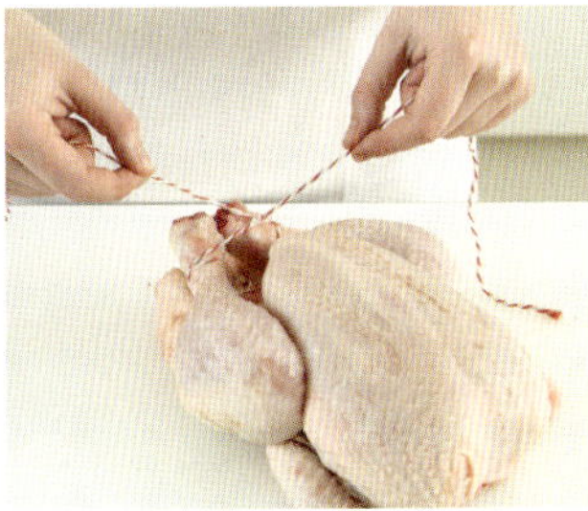

So **dressiert** man Geflügel: Die Keulen mit **Küchengarn** zusammenbinden. Dann die Öffnung mit **Holzspießchen** zustecken oder mit Küchengarn zunähen.

Für eine leckere knusprige Haut das Hähnchen mit einer Mischung aus **Öl** und **Gewürzen (z. B. Edelsüß-Paprika)** oder mit **Zitronengelee** einpinseln.

Putengeschnetzeltes kochen (Rezept S. 82)

Putenschnitzel abspülen und mit Küchenpapier trocken tupfen. Je 2 Schnitzel übereinanderlegen und gleichmäßig **in feine Streifen schneiden.**

In einer großen Pfanne **Butterschmalz oder Öl** erhitzen. Fleisch darin portionsweise goldbraun anbraten und dabei öfter wenden. Würzen, herausnehmen.

Gemüse (z. B. Champignons und Möhren) und **Zwiebeln** im Bratfett kräftig anbraten. Gesamtes Fleisch wieder zufügen und mit Brühe und Sahne ablöschen.

Aufkochen und mit **TK-Kräutern** würzen. **Hellen Soßenbinder** einstreuen und ca. 1 Minute köcheln. Alles mit **Salz** und **Pfeffer** abschmecken.

Entenbrust braten (Rezept S. 84)

Entenbrustfilets unter **fließendem Wasser abspülen.** Anschließend mit Küchenpapier gründlich trocken tupfen.

Die Hautseite mit einem sehr scharfen Messer **kreuzweise einritzen.** So wird sie beim Braten schön knusprig und lässt sich hinterher besser schneiden.

Eine große Pfanne **ohne Fett** erhitzen. Entenbrust zuerst mit der Hautseite hineinlegen, bei starker Hitze ca. 5 Minuten kräftig anbraten, bis etwas Fett austritt.

Umdrehen, bei mittlerer Hitze ca. 15 Minuten braten, dabei öfter wenden. Oder im Ofen (E-Herd: 200 °C/Umluft: 175 °C/Gas: Stufe 3) 15–20 Minuten braten.

Putenpfanne mit Zucchini und Tomaten

ZUTATEN FÜR 4 PERSONEN

- 4 Putenschnitzel (ca. 500 g)
- 2 mittelgroße Zwiebeln
- 2 Zucchini (ca. 500 g)
- 2 EL Öl
- Salz • Pfeffer • Zucker
- 1 EL Tomatenmark
- 1 Dose (850 ml) Tomaten
- ½ Bund/Töpfchen Basilikum
- 1–2 EL Balsamico-Essig

1 Fleisch waschen, trocken tupfen und in Streifen schneiden. Zwiebeln schälen und fein hacken. Zucchini putzen, waschen und fein würfeln.

2 Öl in einer Pfanne erhitzen. Fleisch darin 3–4 Minuten braten. Mit Salz und Pfeffer würzen, herausnehmen. Zwiebeln und Zucchini im heißen Bratfett anbraten. Mit Salz und Pfeffer würzen. Tomatenmark kurz mit anschwitzen. Tomaten samt Saft zufügen und grob zerkleinern. Mit Salz, Pfeffer und etwas Zucker würzen. Alles aufkochen und ca. 5 Minuten köcheln.

3 Fleisch wieder zufügen. Basilikum waschen und etwas zum Garnieren beiseite legen. Rest fein schneiden, in die Soße rühren. Mit Salz, Pfeffer, Zucker und Balsamico abschmecken. Geschnetzeltes anrichten und mit übrigem Basilikum garnieren. Dazu schmeckt Bauernbrot.
Getränk: kühler Roséwein.

ZUBEREITUNGSZEIT ca. 30 Min.
PORTION ca. 290 kcal
36 g E • 7 g F • 18 g KH

Hühnerfrikassee

ZUTATEN FÜR 4–6 PERSONEN

- 1 großes Hähnchen (ca. 1,6 kg; z. B. Bauernhähnchen)
- 1 Bund Suppengrün
- 1 Lorbeerblatt
- 1 TL Pfefferkörner • Salz
- 500 g weißer Spargel
- 3–4 mittelgroße Möhren
- 200 g TK-Erbsen
- 60 g Butter/Margarine
- 60 g Mehl • 3 EL Zitronensaft
- Worcestersoße • Zucker
- 100–150 g Schlagsahne
- Kerbel und Bio-Zitrone zum Garnieren

1 Hähnchen waschen, in einen großen Topf legen. Suppengrün putzen bzw. schälen und waschen. Alles in Stücke schneiden. Suppengrün, Lorbeer, Pfefferkörner und ca. 2 TL Salz zum Hähnchen geben und ca. 2 l kaltes Wasser dazugießen, bis alles bedeckt ist. Dann aufkochen und zugedeckt bei schwacher Hitze ca. 1 ½ Stunden köcheln.

2 Inzwischen Spargel waschen, schälen und die holzigen Enden abschneiden. Möhren schälen und waschen. Spargel in Stücke, Möhren in schräge Scheiben schneiden.

3 Hähnchen herausheben, die Brühe durch ein Sieb gießen und gut 1 l abmessen (die übrige Brühe anderweitig verwenden). ½ l Brühe aufkochen und darin Spargel und Möhren 10–12 Minuten garen, die Erbsen ca. 3 Minuten mitgaren. Gemüse abtropfen, Brühe auffangen und mit Rest Brühe auf 1 l auffüllen.

4 Fett in einem Topf erhitzen und Mehl darin anschwitzen. Brühe einrühren, alles aufkochen und bei schwacher Hitze ca. 5 Minuten köcheln. Mit Zitronensaft, Worcestersoße, Salz und 1 Prise Zucker abschmecken.

5 Vom Hähnchen Haut und Fleisch von den Knochen lösen und klein schneiden. Die Sahne evtl. halbsteif schlagen und vorsichtig unter die Soße ziehen. Dann darin Gemüse und Fleisch kurz erhitzen. Alles mit Kerbel und Zitrone garnieren. Dazu passen Königinpasteten aus Blätterteig oder Reis.
Getränk: Weißwein, z. B. Rivaner.

ZUBEREITUNGSZEIT ca. 2 ¾ Std.
PORTION ca. 410 kcal
34 g E • 22 g F • 15 g KH

Entenbrust auf Kürbis-Rahmlinsen

ZUTATEN FÜR 4 PERSONEN

- 1 mittelgroße Zwiebel
- 1 EL Öl
- 250 g Berg- oder Tellerlinsen
- 2–3 Entenbrustfilets (à ca. 300 g)
- Salz • Pfeffer
- 400 g Kürbis (z. B. Hokkaido)
- 2 TL Gemüsebrühe
- 7–8 EL (75 g) Schlagsahne
- 1–2 EL Essig (z. B. Balsamico)
- Cayennepfeffer
- evtl. Oregano zum Garnieren
- Alufolie

1 Zwiebel schälen und fein würfeln. Im heißen Öl im Topf glasig dünsten. Linsen abspülen und zufügen. Mit ¾ l Wasser ablöschen, aufkochen und zugedeckt ca. 25 Minuten garen.

2 Fleisch waschen, trocken tupfen und die Haut kreuzweise einritzen. In einer Pfanne ohne Fett zunächst auf der Hautseite, dann auf der Fleischseite je ca. 5 Minuten kräftig anbraten. Mit Salz und Pfeffer würzen. Bei mittlerer Hitze weitere ca. 15 Minuten braten, dabei mehrmals wenden.

3 Kürbis waschen und schälen (Hokkaido muss jedoch nicht geschält werden.) Zerteilen, entkernen und in feine Würfel schneiden. Kürbis und Brühe zu den Linsen geben und 10–12 Minuten weitergaren. Mit Sahne verfeinern und kurz aufkochen. Mit Essig, Salz und Cayennepfeffer abschmecken.

4 Entenbrust herausnehmen, in Alufolie wickeln und ca. 5 Minuten ruhen lassen. Dann aufschneiden und mit den Linsen anrichten. Mit Oregano garnieren. Dazu schmeckt Kartoffelpüree.
Getränk: kräftiger Weißwein, z. B. Grauburgunder.

ZUBEREITUNGSZEIT ca. 1 Std.
PORTION ca. 570 kcal
46 g E • 23 g F • 42 g KH

Entenkeulen mit Kartoffel-Sellerie-Stampf

ZUTATEN FÜR 4 PERSONEN

- **3 mittelgroße Möhren**
- **2–3 Zwiebeln**
- **3–4 Knoblauchzehen**
- **4 Entenkeulen (à ca. 350 g)**
- **Salz • Pfeffer**
- **3 EL Öl**
- **400 ml Entenfond (Glas)**
- **1–2 Lorbeerblätter**
- **3–4 Zweige Rosmarin**
- **1 kg Knollensellerie**
- **1 kg Kartoffeln (z. B. mehligkochend)**
- **⅛ l Milch**
- **4 EL Butter**

1 Möhren schälen, waschen und in schräge Scheiben schneiden. Zwiebeln und Knoblauch schälen und die Zwiebeln in Spalten schneiden. Keulen waschen, trocken tupfen und mit Salz und Pfeffer einreiben.

2 Die Keulen im Bräter im heißen Öl rundherum anbraten und herausnehmen. Möhren, Zwiebeln und Knoblauch im Bratfett anbraten. Fond, Lorbeer und die Keulen zugeben. Alles im vorgeheizten Backofen (E-Herd: 175 °C/ Umluft: 150 °C/Gas: Stufe 2) offen ca. 1 ¾ Stunden garen.

3 Rosmarin waschen und etwas zum Garnieren beiseite legen. Rest abzupfen, Nadeln ca. 20 Minuten vor Ende der Schmorzeit zu den Keulen geben.

4 Sellerie und Kartoffeln schälen, waschen und grob würfeln. In Salzwasser zugedeckt ca. 20 Minuten kochen. Dann abgießen. Milch und Butter erhitzen, zu Kartoffeln und Sellerie gießen und alles fein zerstampfen.

5 Die Keulen aus dem Bräter nehmen und warm stellen. Den Fond kräftig abschmecken. Entenkeulen samt Fond und Schmorgemüse mit dem Stampf anrichten, mit Rest Rosmarin garnieren. **Getränk:** kräftiger Rotwein, z. B. Spätburgunder.

ZUBEREITUNGSZEIT ca. 2 ¼ Std.
PORTION ca. 620 kcal
62 g E • 42 g F • 40 g KH

Zitronenhähnchen mit Thymiankartoffeln

ZUTATEN FÜR 4 PERSONEN

- 750 g Kartoffeln
- 1 Bund/Töpfchen Thymian
- 7 EL Olivenöl
- 100 g schwarze Oliven
- 3 Bio-Zitronen
- Salz • Pfeffer
- 1 küchenfertiges Bauernhähnchen (gut 2 kg)
- 1 TL Gemüsebrühe
- 75 g rote Linsen
- 3–5 EL Balsamico-Essig
- 2 Minirömersalate
- 1 Bund Lauchzwiebeln
- 150 g Kirschtomaten
- Holzspießchen • Küchengarn

1 Kartoffeln schälen, waschen und grob würfeln. Thymian waschen. Von der Hälfte Blättchen abzupfen. Mit 3 EL Öl und Oliven unter die Kartoffeln mischen.

2 Zitronen heiß waschen. Von 1 die Schale fein abreiben. Die abgeriebene und 1 weitere Zitrone einschließlich der weißen Haut schälen. Fruchtfleisch grob würfeln. Für das Zitronenöl übrige Zitrone halbieren, eine Hälfte auspressen. 2 EL Öl, Zitronenschale und -saft, ca. 1 TL Salz und Pfeffer verrühren.

3 Hähnchen waschen und mit Küchenpapier trocken tupfen. Von innen und außen mit dem Zitronenöl einreiben. Hähnchen mit Zitronenwürfeln und Rest Thymianstielen füllen. Öffnung mit Spießchen und Küchengarn verschließen. Keulen zusammenbinden.

4 Hähnchen auf die Fettpfanne setzen. Kartoffel-Oliven-Mischung mit Salz würzen und darum verteilen. Im vorgeheizten Ofen (E-Herd: 175 °C/Umluft: 150 °C/Gas: Stufe 2) 1 ¾–2 Stunden braten. Übrige Zitronenhälfte in Scheiben schneiden und ca. 20 Minuten vor Ende der Bratzeit mit auf die Fettpfanne legen.

5 200 ml Wasser im Topf aufkochen, Brühe einrühren. 5 EL abnehmen, beiseite stellen. Linsen in Brühe zugedeckt ca. 5–8 Minuten köcheln. Vom Herd nehmen, 2–3 Minuten ziehen lassen. Essig und Rest Brühe zufügen. Salzen und pfeffern. 2 EL Öl unterrühren. Abkühlen lassen. Salate und Lauchzwiebeln putzen, waschen. Salate in Streifen, Lauchzwiebeln in feine Ringe schneiden. Tomaten waschen und halbieren. Alles mit den abgekühlten Linsen mischen. Hähnchen und Thymiankartoffeln anrichten. Den Salat dazureichen.

Getränk: Weißwein, z. B. Pinot grigio.

ZUBEREITUNGSZEIT ca. 2 ¾ Std.
PORTION ca. 870 kcal
65 g E • 48 g F • 38 g KH

Gänsebraten mit Birnenfüllung

ZUTATEN FÜR 6 PERSONEN

- 1 bratfertige Gans (4,5–5 kg; mit Innereien)
- Salz • Pfeffer
- 5–6 mittelgroße Zwiebeln
- ½ Bund/Töpfchen Majoran
- 750 g feste Birnen
- 75 g geräucherter durchwachsener Speck
- 2 Möhren
- 1 Glas (400 ml) Gänsefond
- ca. 2 EL Mehl
- evtl. Babybirnen zum Garnieren
- Holzspießchen • Küchengarn

1 Innereien und Fett aus der Gans entfernen. Gans und Innereien waschen, trocken tupfen. Gans innen mit Salz und Pfeffer einreiben.

2 Zwiebeln schälen, 3–4 würfeln. Majoran waschen und etwas zum Garnieren beiseite legen. Rest hacken. Birnen schälen, vierteln, entkernen und klein schneiden. Leber hacken. Speck fein würfeln und in einer Pfanne ohne Fett knusprig braten. Zwiebelwürfel und Leber kurz mitbraten. Majoran und Birnen untermischen, würzen. Gans damit füllen, zustecken und zubinden. Keulen und Flügel jeweils zusammenbinden.

3 Gans auf den Rost mit der Fettpfanne darunter setzen. Möhren schälen, waschen und grob schneiden. 2 Zwiebeln vierteln. Beides mit den restlichen Innereien in die Fettpfanne legen, ca. ⅛ l Wasser angießen. Im vorgeheizten Backofen (E-Herd: 200 °C/Umluft: 175 °C/Gas: Stufe 3) 3 ¼–3 ½ Stunden braten. Nach und nach Fond und ca. ½ l Wasser angießen. Gans öfter beschöpfen. Innereien nach ca. 1 Stunde entfernen.

4 Die Gans ca. 10 Minuten vor Ende der Bratzeit mit stark gesalzenem Wasser bestreichen. Bei größter Hitze knusprig braten. Gans warm stellen. Fond durchsieben, entfetten und aufkochen. Mehl und ca. 5 EL Wasser glatt rühren. In den Fond rühren und ca. 5 Minuten köcheln. Abschmecken. Alles anrichten und mit Birnen und Rest Majoran garnieren.

Getränk: Rotwein, z. B. Trollinger.

ZUBEREITUNGSZEIT ca. 5 Std.

PORTION ca. 830 kcal

56 g E • 56 g F • 20 g KH

Extra-Tipp

Zum Gänsebraten passen z. B. Rotkohl und Rösti-Ecken (TK) oder selbst gemachte Kartoffelplätzchen (Rezept s. S. 122).

Knusprige Ente mit Apfel-Zimt-Soße

ZUTATEN FÜR 4 PERSONEN

- 1 bratfertige Ente (2,2–2,5 kg)
- Salz • Pfeffer • Muskat
- 3 mittelgroße Zwiebeln
- 2 Stiele oder ¼ TL getrockneter Thymian
- 3–4 Stücke oder 1 Stange Zimt
- ½–¾ l Hühnerbrühe oder -fond
- 1 kleiner Wirsing (ca. 1 kg)
- 50 g geräucherter durchwachsener Speck
- 2–3 EL Apfelkraut (Glas) oder Apfelgelee
- ca. ¼ l Apfelsaft
- 1 gestrichener EL Speisestärke
- evtl. Petersilie und Apfelspalten

1 Ente waschen, trocken tupfen. Innen mit Salz und Pfeffer, außen mit Pfeffer würzen. 2 Zwiebeln schälen, vierteln. Ente auf eine kalt abgespülte Fettpfanne legen. Zwiebeln, Thymian und Zimt darum verteilen. Im vorgeheizten Backofen (E-Herd: 200 °C/Umluft: 175 °C/Gas: Stufe 3) 2–2 ¼ Stunden braten. Nach ½ Stunde nach und nach Brühe zugießen.

2 Wirsing putzen, waschen, vierteln und Strunk herausschneiden. Kohl in Streifen schneiden. In kochendem Salzwasser kurz blanchieren. Abtropfen lassen.

3 1 Zwiebel schälen, hacken. Speck würfeln und im Topf knusprig braten. Zwiebel mit andünsten. Wirsing zufügen und ca. 5 Minuten dünsten, abschmecken.

4 Ente in den letzten 10 Minuten (bei stärkster Hitze) mit stark gesalzenem Wasser bestreichen. Ca. 5 Minuten vor Ende der Bratzeit mit ca. 2 EL Apfelkraut bestreichen und knusprig braten.

5 Ente warm stellen. Fond durchsieben und entfetten. Mit Apfelsaft und evtl. Rest Brühe auf ½ l ergänzen und aufkochen. Stärke und 3 EL Wasser glatt rühren. Soße damit binden. Mit Salz, Pfeffer und evtl. Apfelkraut abschmecken. Alles anrichten. Mit Petersilie und Apfelspalten garnieren. Dazu: Salzkartoffeln. **Getränk:** Cidre.

ZUBEREITUNGSZEIT ca. 2 ½ Std.
PORTION ca. 900 kcal
88 g E • 51 g F • 16 g KH

Putenschnitzel in Pilz-Tomaten-Soße

ZUTATEN FÜR 4 PERSONEN

- 2 Zwiebeln (z. B. rote)
- 400 g kleine Champignons
- 800 g Tomaten
- 4 Putenschnitzel (ca. 600 g)
- 2 EL Öl • Salz • Pfeffer
- 1–2 TL getrockneter Oregano
- 4 EL Tomatenmark
- 2 TL Hühnerbrühe
- 1 Bund Petersilie
- evtl. Bio-Zitronenschale zum Garnieren

1 Zwiebeln schälen und in Spalten schneiden. Pilze putzen, waschen und je nach Größe halbieren. Tomaten waschen und grob würfeln. Schnitzel waschen, trocken tupfen und halbieren.

2 Öl in einer Pfanne erhitzen. Fleisch darin von jeder Seite ca. 2 Minuten anbraten. Mit Salz und Pfeffer würzen. Herausnehmen. Pilze und Zwiebeln im Bratfett anbraten. Tomaten zufügen und 2–3 Minuten mitbraten. Alles mit Salz, Pfeffer und Oregano würzen.

3 Tomatenmark und knapp 400 ml Wasser einrühren. Aufkochen und Brühe zufügen. Fleisch wieder zufügen und alles ca. 5 Minuten köcheln. Petersilie waschen und in feine Streifen schneiden. Fleisch und Soße anrichten. Mit Petersilie und Zitronenschale bestreuen. Dazu schmeckt Reis.

Getränk: Weißweinschorle.

ZUBEREITUNGSZEIT ca. 30 Min.
PORTION ca. 380 kcal
38 g E • 7 g F • 39 g KH

Kräuterhähnchen mit Artischocken

ZUTATEN FÜR 4 PERSONEN

- 1 Dose (425 ml) Artischockenherzen
- 2 Zwiebeln
- 500 g Tomaten
- 2 mittelgroße Zucchini
- 2–3 Knoblauchzehen
- 4 dünne Scheiben Frühstücksspeck (Bacon)
- ½ Bund/Töpfchen Thymian
- 2 Zweige Rosmarin
- 75 g kleine schwarze Oliven
- Salz • Pfeffer
- 3–4 EL Olivenöl
- 1 Hähnchenbrust (mit Haut und Knochen; ca. 500 g)
- 4 Hähnchenkeulen (à ca. 200 g)
- 1 Bio-Zitrone
- 1 Bund glatte Petersilie

1 Artischocken abtropfen lassen und halbieren. Zwiebeln schälen, würfeln. Tomaten und Zucchini putzen und waschen. Tomaten in dicke Scheiben, Zucchini in Stücke schneiden. Knoblauch schälen. Speck in Stücke schneiden.

2 Thymian und Rosmarin waschen. Blättchen bzw. Nadeln abzupfen. Vorbereitetes Gemüse, Knoblauch, Speck, Kräuter und Oliven auf der Fettpfanne des Backofens mischen. Mit Salz und Pfeffer würzen. Öl darüberträufeln.

3 Hähnchenbrust längs halbieren. Keulen im Gelenk durchschneiden. Alles waschen und trocken tupfen. Zitrone waschen und trocken reiben. Schale in Streifen abziehen bzw. abraspeln und abgedeckt beiseite legen. Zitrone halbieren und auspressen. Fleisch mit Saft beträufeln, mit Salz und Pfeffer würzen. Auf das Gemüse legen. Im vorgeheizten Backofen (E-Herd: 175 °C/Umluft: 150 °C/Gas: Stufe 2) ca. 1 Stunde braten.

4 Petersilie waschen und fein schneiden. Mit Zitronenraspeln mischen. Vor dem Servieren über das Hähnchen streuen. Dazu schmeckt Baguette.
Getränk: kühler Roséwein.

ZUBEREITUNGSZEIT ca. 1¾ Std.
PORTION ca. 640 kcal
55 g E • 36 g F • 20 g KH

Paprika-Puten-Pfanne mit Pilzen

ZUTATEN FÜR 4 PERSONEN

- 600 g Putenschnitzel
- 500 g Champignons
- 1 Zwiebel
- 3 Paprikaschoten (z. B. grün, gelb und rot)
- ½ Bund/Töpfchen Basilikum
- 2 EL Öl
- Salz • Pfeffer
- 2 TL Hühnerbrühe
- 4 EL Soßenbinder
- 100 g Schmand oder Crème fraîche
- einige Spritzer Zitronensaft

1 Fleisch waschen, trocken tupfen und würfeln. Pilze putzen, waschen und je nach Größe halbieren oder vierteln. Zwiebel schälen und hacken. Paprika putzen, waschen und in Streifen schneiden. Basilikum waschen, Blättchen abzupfen und in Streifen schneiden.

2 Öl in einer beschichteten Pfanne erhitzen. Fleisch darin 2–3 Minuten kräftig anbraten, herausnehmen. Pilze im heißen Bratfett anbraten. Zwiebel und Paprika kurz mitbraten. Würzen.

3 Fleisch zum Gemüse geben. Knapp ½ l Wasser und Brühe zufügen und aufkochen. Mit Soßenbinder binden. Schmand und Basilikum einrühren. Alles mit Salz, Pfeffer und Zitronensaft abschmecken. Dazu schmeckt Bauernbrot. **Getränk:** Bier, z. B. Radler.

ZUBEREITUNGSZEIT ca. 30 Min.
PORTION ca. 370 kcal
43 g E • 15 g F • 14 g KH

Extra-Tipp

Wer Kalorien sparen möchte, nimmt anstelle von Schmand stichfeste saure Sahne. Dann nach dem Einrühren nicht mehr kochen, da sie sonst ausflockt. Das spart ungefähr 30 kcal pro Portion.

Hähnchenfilet zu glasiertem Gemüse

ZUTATEN FÜR 4 PERSONEN

- 1–2 Bund Suppengrün (ca. 1 kg)
- 750 g mehligkochende Kartoffeln
- Salz • Pfeffer
- 4 Stiele Thymian
- 2–3 EL Butter
- 1–2 EL Zucker
- 150 ml Orangensaft
- 4 Hähnchenfilets (ca. 500 g)
- 1–2 EL Öl
- 150 ml Milch
- Muskat

1 Möhren und, falls vorhanden, Petersilienwurzel schälen und waschen. Petersilienwurzel in Stücke, Möhren in Scheiben schneiden. Porree putzen, waschen und in Ringe schneiden. Sellerie und Kartoffeln schälen, waschen und in grobe Stücke schneiden. Beides in Salzwasser zugedeckt ca. 20 Minuten kochen.

2 Thymian waschen und abzupfen. 1–2 EL Butter in einer großen Pfanne erhitzen. Gemüse darin unter gelegentlichem Wenden anbraten. Thymian zufügen. Mit Salz und Pfeffer würzen. Mit Zucker bestreuen und unter Wenden karamellisieren. Unter Rühren mit Orangensaft ablöschen. Aufkochen und zugedeckt bei schwacher Hitze 8–10 Minuten köcheln, dabei ab und zu wenden. Mit Salz und Pfeffer abschmecken.

3 Filets waschen und trocken tupfen. Im heißen Öl pro Seite 5–6 Minuten braten. Mit Salz und Pfeffer würzen.

4 Kartoffeln und Sellerie abgießen und fein zerstampfen, dabei Milch und 1 EL Butter zufügen. Mit Salz und Muskat abschmecken. Mit Filet und glasiertem Gemüse anrichten.
Getränk: Saftschorle.

ZUBEREITUNGSZEIT ca. 1 Std.
PORTION ca. 400 kcal
38 g E • 10 g F • 38 g KH

Fisch und Meeresfrüchte

Gesund, leicht und so köstlich! Ob im Ofen gegart oder in der Pfanne gebraten. Diese Rezepte bringen Sie auf den Geschmack

SEELACHS liefert festes aromatisches Fleisch. Das Filet hat oft eine leichte Graufärbung.

FORELLEN gehören zu den Süßwasserfischen und kommen fast ausschließlich aus Zuchtbetrieben.

LACHSFILET ist mit 14 % Fett relativ gehaltvoll. Neben dem Filet sind meist Koteletts im Handel.

MATJESFILET hat von Ende Mai bis Ende Juli als junger Matjes Saison. Heute kommt er meist aus Holland.

Fisch richtig kaufen

Ist der Fisch frisch? Folgende Qualitätsmerkmale gibt es: Fisch muss **klare, pralle Augen** und **leuchtend rote Kiemen** aufweisen. Die Haut sollte **feste Schuppen** haben, **mit klarem Schleim überzogen** sein. Seefische **riechen nach Meer und Seetang**. Nach dem Kauf Fisch aus der Verpackung nehmen, in eine Schüssel legen, mit Folie bedecken, in den Kühlschrank stellen. So hält er sich ein bis zwei Tage.

Wichtige Seefische

Dorade (Goldbrasse) wird v. a. im Mittelmeer gefischt. Sie kann bis zu 1 kg wiegen. Lecker im Ganzen gebacken und als Filet. **Scholle** gibt es frisch im Ganzen oder tiefgefroren als Filet. Tradition hat bei uns die „Maischolle" (im Mai als junge Scholle gefangen). **Kabeljau** hat ein festes weißes Fleisch und ist mit nur 0,3 % Fett sehr kalorienarm. **Seelachs (Köhler)** ist mit dem Kabeljau, nicht mit dem Lachs verwandt. Der relativ preiswerte Fisch zählt ebenfalls zu den Magerfischen.

Süßwasserfische

Forellen werden meist in Aquakulturen gezüchtet. Ihr mageres, grätenarmes Fleisch schmeckt „blau" gekocht, gebraten, gedämpft und geräuchert. **Karpfen** gehören zu den Fettfischen. Sie stammen vorwiegend aus Zuchtteichen. Auch sie werden „blau" oder gebraten zubereitet. **Lachs** zählt zwar zu den Süßwasserfischen, verbringt aber als Wanderfisch einen Großteil seines Lebens im Meer. Er kommt noch wild in Nordeuropa und Alaska vor. Meist stammt er aus Lachsfarmen. **Zander** leben als Raubfische und gelten als Edelfisch. Ihr zartes weißes Fleisch ist grätenarm und saftig.

Garnelen

Riesengarnelen (King Prawns) sind Sammelnamen für große Vertreter aus der Garnelenfamilie. Sie sind ideal zum Grillen und Braten. Der **Kaisergranat** ist den meisten als Scampi bekannt. Er ist mit dem Hummer verwandt und wird oft mit Garnelen verwechselt. **Eismeergarnelen** schmecken salzig-süß, lecker für Vorspeisen. Die aromatische **Nordseegarnele** ist ideal für Cocktails, Salate und Soßen.

Muscheln

Miesmuscheln werden in Muschelgärten gezüchtet. 1 kg ergibt 180 g Muschelfleisch. **Jakobsmuscheln (gehören zu den Kammmuscheln)** sind frisch oder tiefgefroren im Angebot. Sie schmecken gebraten, gegrillt oder gedünstet.

Einkaufstipps

Absolute Frische ist bei Garnelen und Muscheln ein Muss. **Ammoniak**-Geruch zeigt, dass die Ware verdorben ist. Lebende Muscheln **sollten geschlossen sein** bzw. sich auf Antippen hin sofort schließen. Möglichst noch **am Einkaufstag verzehren.** Die meisten Garnelen sind frisch, in Lake und tiefgefroren erhältlich. TK-Ware ist schnell aufgetaut, wenn Sie sie im Sieb mit heißem Wasser abspülen.

Fairer Fischfang

Viele Arten sind überfischt. Aus diesem Grund wurde 1997 das **MSC-Siegel** ins Leben gerufen. Es gibt Verbrauchern die Möglichkeit, beim Einkaufen eine bewusste Wahl zu treffen. Fisch mit diesem Siegel garantiert umweltschonende und bestandserhaltende Fischerei. Neu ist das **ASC-Siegel** für umwelt- und sozialverträglich erzeugte Fische aus Aquakultur, aus der inzwischen jeder dritte Fisch stammt.

RIESENGARNELEN werden roh (graue Farbe) oder gekocht (hellrot) mit oder ohne Schale angeboten.

EISMEERGARNELEN (Shrimps) haben ein zartes, festes hellrosa Fleisch mit feinem Geschmack.

MIESMUSCHELN werden fertig gewaschen oder ungewaschen in Plastikbeuteln angeboten.

JAKOBSMUSCHELN mit ihren dekorativen Schalen gelten unter Kennern als Delikatesse.

Fisch vorbereiten und pochieren

Fisch im Stück (z. B. Kabeljau) unter fließend **kaltem Wasser abspülen.** Dann gut mit Küchenpapier trocken tupfen und in Scheiben (Koteletts) schneiden.

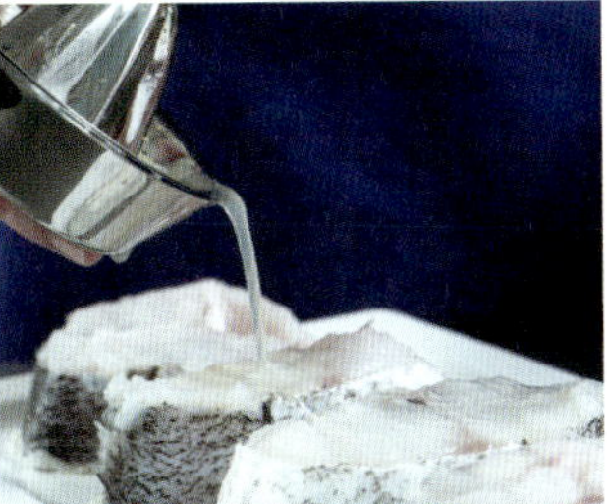

Danach **mit Zitronensaft beträufeln.** Die Säure macht das Fleisch fester, appetitlich weiß und verfeinert den Geschmack. Ca. 10 Minuten ziehen lassen.

Den Fisch erst kurz vor dem Garen **mit Salz würzen.** Liegt er danach noch zu lange, zieht er Flüssigkeit und laugt zu sehr aus.

Pochieren: Einen Sud mit Zwiebel, Lorbeer und Pfefferkörnern aufkochen. Koteletts darin bei schwacher Hitze 10–15 Minuten gar ziehen lassen.

Forelle im Ofen garen

Den Fisch **von innen und außen** unter fließend kaltem Wasser **abspülen.** Mit Küchenpapier trocken tupfen.

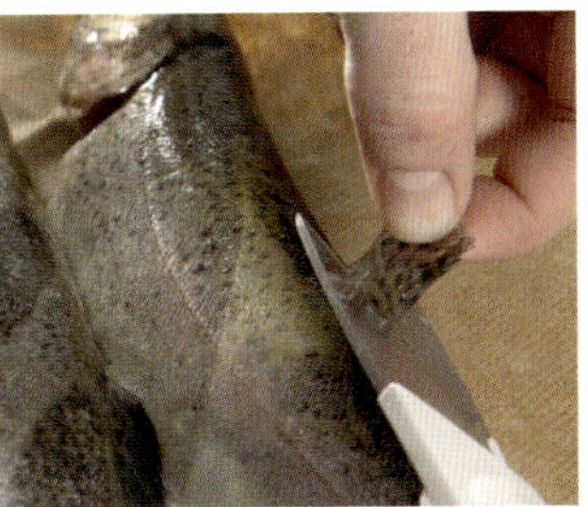

Wer einen ganzen Fisch hat, schneidet **Bauch- und Rückenflossen** ab. Schwanzflosse evtl. mit einer Schere kürzen.

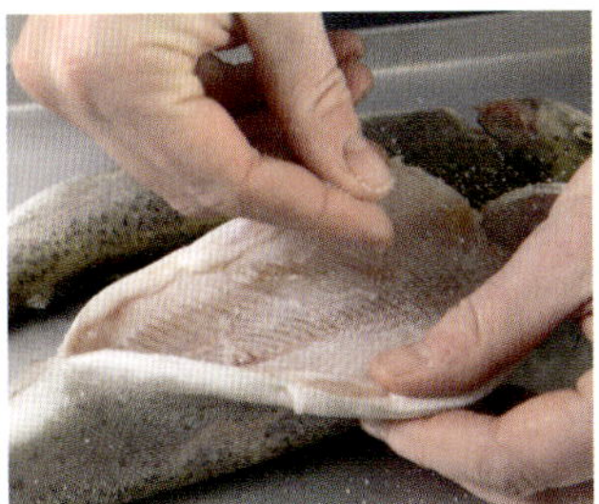

Den Fisch innen und außen **mit Salz und Pfeffer einreiben.** In die Bauchhöhle Bio-Zitronenscheiben und frische Kräuter legen.

Im Bräter mit Einsatz einen **Sud aus Wasser, Weißwein, Zitrone und Gewürzen erhitzen.** Fisch in den Einsatz legen, zugedeckt ca. 30 Minuten dämpfen.

Scholle im Ganzen braten (Rezept S. 102)

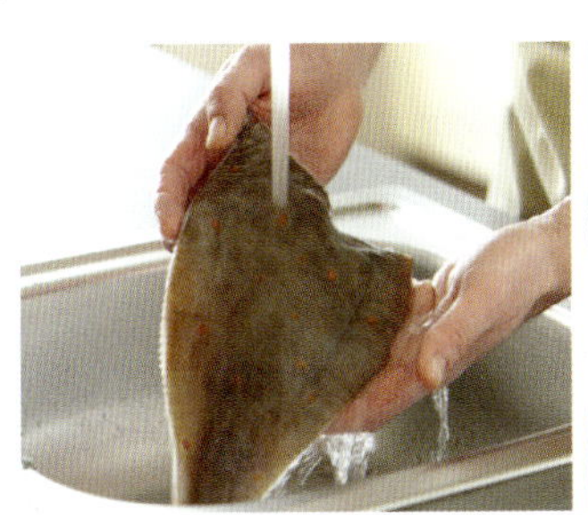

Der Fischhändler bereitet Schollen schon mit dem **Gastronomieschnitt** vor. Kopf und Flossen werden abschnitten. Fisch nur noch waschen, trocken tupfen.

Einige EL Mehl in einen tiefen Teller geben. Fische mit Salz und Pfeffer würzen, **im Mehl wenden** und überschüssiges Mehl leicht abklopfen.

Portionsweise Öl in einer großen beschichteten Pfanne erhitzen. Schollen **zuerst auf der hellen,** dann auf der dunklen **Hautseite** jeweils 5–7 Minuten **braten.**

So isst man sie: **Haut** entlang der Mittelgräte öffnen, **abheben.** Das Fleisch vorsichtig mit dem Fischmesser von den Gräten heben. Umdrehen und ebenso verfahren.

Fisch in der Salzkruste

Salzteig aus 2 kg grobem Meersalz, 4 frischen Eiern (Gr. M), 5 EL Mehl, 45 g Speisestärke und ca. 5 EL Wasser rühren, bis er die Struktur von feuchtem Sand hat.

Backblech mit Alufolie auslegen, Salzteig **darauf verteilen.** 1 ganzen Fisch (z. B. Lachsforelle oder Dorade) wie die Forelle vorbereiten (s. S. 95) und auf den Teig legen.

Fisch rundum **mit dem Salzteig bedecken,** gut andrücken. Im heißen Backofen (E-Herd: 175 °C/ Umluft: 150 °C/Gas: Stufe 2) 25–30 Minuten backen.

Kruste mithilfe **eines Schraubenziehers** und eines **Hammers** seitlich **rundherum aufbrechen.** Den entstehenden „Deckel" aus Salzteig als Ganzes abnehmen.

Kabeljau im Bratschlauch

Ein ganzes Stück Kabeljau waschen und evtl. die **Schwanzflosse kürzen.** Mit Zitronensaft beträufeln, kurz ziehen lassen. Mit Salz und Pfeffer würzen.

Suppengemüse oder Möhren, Zwiebeln und Stangensellerie in Fett **andünsten,** mit Salz und Pfeffer würzen. Mit **wenig Brühe** ablöschen, ca. 5 Minuten garen.

Bratschlauch auf einer Seite verschließen, in eine Auflaufform legen. Gemüse und **etwas Weißwein** einfüllen, Fisch und einige Bio-Zitronenscheiben drauflegen.

Bratschlauch zubinden und **einstechen,** damit der Dampf entweichen kann. Im heißen Ofen (E-Herd: 200 °C/Umluft: 175 °C/Gas: Stufe 3) ca. 30 Minuten garen.

Miesmuscheln im Weinsud (Rezept S. 105)

Muscheln aussortieren: Nur geschlossene und solche, die sich auf Antippen schließen, sind genießbar. Unter **fließend kaltem Wasser** einzeln abbürsten.

1 gewürfelte Zwiebel und **Suppengrün** in 1 EL heißem Fett in einem großen Topf **andünsten,** mit Salz und Pfeffer würzen. Mit ½ l Weißwein ablöschen.

Die vorbereiteten Muscheln zugeben und **im Weinsud** zugedeckt ca. 10 Minuten **garen.** Den Topf dabei öfter rütteln. Geschlossene Muscheln wegwerfen.

Muscheln abgießen und in einer großen Schüssel anrichten. **Den Sud evtl. mit Crème fraîche verfeinern** und dazureichen. Dazu schmeckt frisches Baguette.

Pangasiusfilet mit Porree und Senfsoße

ZUTATEN FÜR 4 PERSONEN

- **1 kg mehligkochende Kartoffeln**
- **Salz • Pfeffer • Muskat**
- **1 kg Porree (Lauch)**
- **3–4 EL Öl**
- **1 Schalotte oder kleine Zwiebel**
- **2 EL Butter**
- **1 gehäufter EL + 2 EL Mehl**
- **200 ml + 150 ml Milch**
- **1 TL Gemüsebrühe**
- **2 EL Senf (z. B. Dijonsenf)**
- **4 Pangasiusfilets (à ca. 150 g)**
- **4–5 Stiele Petersilie**

1 Kartoffeln schälen, waschen und klein schneiden. In Salzwasser zugedeckt ca. 20 Minuten kochen. Porree putzen, waschen und in Ringe schneiden.

2 Porree in 1–2 EL heißem Öl andünsten und mit Salz und Pfeffer würzen. ¼ l Wasser angießen, aufkochen und zugedeckt ca. 10 Minuten köcheln.

3 Schalotte schälen, fein würfeln. In 1 EL heißer Butter glasig dünsten. 1 gehäuften EL Mehl darüberstäuben und anschwitzen. ¼ l Wasser, 200 ml Milch und Brühe einrühren. Aufkochen und ca. 5 Minuten köcheln. Senf unterrühren. Soße mit Salz und Pfeffer abschmecken.

4 Fisch waschen, abtupfen. Mit Salz und Pfeffer würzen. In 2 EL Mehl wenden, etwas abklopfen. 2 EL Öl in einer beschichteten Pfanne erhitzen. Fisch darin von jeder Seite 2–3 Minuten braten.

5 Die Petersilie waschen und hacken. 150 ml Milch und 1 EL Butter erhitzen. Kartoffeln abgießen. Milchmischung zufügen und alles fein zerstampfen. Mit Salz und Muskat abschmecken. Alles anrichten und mit Petersilie bestreuen.
Getränk: Bier, z. B. Pils.

ZUBEREITUNGSZEIT ca. 45 Min.
PORTION ca. 460 kcal
27 g E • 17 g F • 46 g KH

Gebratene Garnelen mit Ananas-Salsa

ZUTATEN FÜR 3–4 PERSONEN

- 1 große Tomate
- 1 Mango oder Papaya (ca. 400 g)
- ¼ Ananas (ca. 400 g)
- 2–3 Lauchzwiebeln
- 1 rote Chilischote
- 1 Knoblauchzehe
- 1 walnussgroßes Stück Ingwer
- 1 Bio-Limette
- 3–4 EL Öl
- Salz • Pfeffer • Zucker
- 500 g rohe geschälte Garnelen (ca. 20 Stück)
- Edelsüß-Paprika
- evtl. Bio-Limette zum Garnieren

1 Tomate waschen, vierteln und entkernen. Mango schälen, Fruchtfleisch vom Stein schneiden (Papaya schälen, halbieren und entkernen). Ananas schälen und den harten Strunk entfernen. Alles in feine Würfel schneiden.

2 Lauchzwiebeln putzen, waschen und sehr fein schneiden. Chili putzen, längs einritzen, entkernen und waschen. Knoblauch und Ingwer schälen. Alles fein hacken.

3 Limette heiß waschen, trocken reiben und Schale fein abreiben. Limette auspressen. Saft mit den vorbereiteten Zutaten und 2 EL Öl verrühren. Salsa mit Salz, Pfeffer und Zucker abschmecken.

4 Garnelen evtl. am Rücken einschneiden und den dunklen Darm entfernen. Garnelen waschen und trocken tupfen. 1–2 EL Öl in einer großen Pfanne erhitzen. Garnelen darin unter Wenden 2–3 Minuten braten. Mit Salz, Pfeffer und etwas Edelsüß-Paprika würzen. Mit der Ananas-Salsa anrichten. Mit Limette garnieren. Dazu schmeckt Brot oder Reis. **Getränk:** kühle Weißweinschorle.

ZUBEREITUNGSZEIT ca. 45 Min.
PORTION ca. 230 kcal
20 g E • 9 g F • 16 g KH

Extra-Tipp

Die Ananas-Salsa hält sich zugedeckt im Kühlschrank 3–4 Tage. Sie ist auch lecker zu kurzgebratenem Fleisch, zu Bratfisch oder zum Fondue.

Lachskoteletts mit buntem Reis

ZUTATEN FÜR 4 PERSONEN

- 2 EL flüssiger Honig
- 1 EL Sojasoße
- Saft von 1 Limette
- 4 EL Öl
- Pfeffer • Salz
- 4 Lachskoteletts (à ca. 175 g)
- 200 g Reis (z. B. Basmati)
- 200 g grüne Bohnen (frisch oder TK)
- 1 mittelgroße Möhre
- 1 Zwiebel (z. B. rot)

1 Honig, Sojasoße, 2 EL Limettensaft, 2 EL Öl und Pfeffer verrühren. Lachs waschen und trocken tupfen. Mit der Marinade bestreichen und ca. 20 Minuten ziehen lassen.

2 Reis in ca. 400 ml kochendem Salzwasser zugedeckt bei schwacher Hitze 15–20 Minuten garen.

3 Frische Bohnen putzen, waschen. Bohnen klein schneiden. In kochendem Salzwasser 15–20 Minuten garen. Möhre schälen, waschen und in Scheiben schneiden. Zu den Bohnen geben und ca. 8 Minuten mitgaren.

4 Zwiebel schälen und in Ringe schneiden. Lachs abtupfen. In 2 EL heißem Öl pro Seite 4–5 Minuten braten. Zwiebel kurz mitbraten. Mit Salz würzen.

5 Gemüse abgießen. Mit Reis, Zwiebel und restlichem Limettensaft mischen. Mit Salz und Pfeffer abschmecken. Mit den Lachskoteletts anrichten.
Getränk: Weißwein, z. B. Chardonnay.

ZUBEREITUNGSZEIT ca. 45 Min.
PORTION ca. 560 kcal
29 g E • 26 g F • 49 g KH

Gebratene Forelle mit Mandelbutter

ZUTATEN FÜR 4 PERSONEN

- 4 küchenfertige Forellen (à ca. 300 g)
- 4 EL Zitronensaft
- Salz • Pfeffer • Zucker
- 4 EL Mehl
- 4 EL Öl
- 50 g + 1 EL Butter
- 4 EL Essig (z. B. Kräuteressig)
- 1 mittelgroßer Kopfsalat
- 100 g Mandelblättchen
- 2–3 Stiele Petersilie
- evtl. Bio-Zitrone zum Garnieren

1 Forellen waschen und trocken tupfen. Mit Zitronensaft beträufeln und salzen. Forellen in Mehl wenden und vorsichtig etwas abklopfen.

2 2 EL Öl und 50 g Butter portionsweise in einer großen beschichteten Pfanne erhitzen. Nacheinander je 2 Forellen darin von jeder Seite bei mittlerer Hitze 5–7 Minuten braten. Nebeneinander auf ein Backblech legen und warm stellen

3 Essig, Salz, Pfeffer und 1 Prise Zucker verrühren. 2 EL Öl kräftig darunterschlagen. Salat putzen, waschen und gut abtropfen lassen. Salatblätter kleiner zupfen und mit der Soße mischen.

4 1 EL Butter im heißen Bratfett zerlassen und die Mandeln darin goldbraun rösten. Petersilie waschen und einige Blättchen zum Garnieren beiseite legen. Rest fein schneiden.

5 Forelle anrichten und die Mandelbutter darüber verteilen. Mit Petersilie bestreuen und garnieren. Salat dazureichen. Dazu schmecken Salzkartoffeln. **Getränk:** kühler Weißwein, z. B. Grauburgunder.

ZUBEREITUNGSZEIT ca. 40 Min.
PORTION ca. 560 kcal
34 g E • 43 g F • 5 g KH

Lachsfilet mit Kartoffelkruste

ZUTATEN FÜR 4 PERSONEN

- 1 Stange Porree (ca. 300 g; Lauch)
- 2–3 Möhren (250 g)
- 300 g Knollensellerie
- 600 g Lachsfilet (ohne Haut)
- etwas + 3–4 EL Butter
- 300 g vorwiegend festkochende Kartoffeln
- Salz • Pfeffer
- 150 ml trockener Weißwein
- 150 g Schlagsahne
- ca. ½ TL Speisestärke
- evtl. Dill zum Garnieren

1 Gemüse putzen bzw. schälen, waschen und abtropfen lassen. Gemüse in feine Stifte bzw. Streifen schneiden.

2 Lachsfilet waschen, trocken tupfen und in 4 Stücke schneiden. Lachs in eine gefettete flache Auflaufform legen. 1–2 EL Butter schmelzen.

3 Kartoffeln schälen, waschen und in sehr dünne Scheiben hobeln. Lachs mit Salz würzen und die Kartoffeln dachziegelartig darauflegen. Mit der flüssigen Butter bestreichen. Mit Salz und Pfeffer würzen. Lachs unter dem vorgeheizten Grill oder bei höchster Hitze im Backofen auf der mittleren Schiene 15–20 Minuten goldbraun backen.

4 2 EL Butter erhitzen. Das Gemüse darin unter Wenden 4–5 Minuten dünsten. Mit Salz und Pfeffer würzen. Wein und Sahne angießen, aufkochen und zugedeckt 4–5 Minuten köcheln.

5 Stärke und 1 EL kaltes Wasser glatt rühren. Gemüse damit binden und ca. 1 Minute köcheln. Mit Salz und Pfeffer abschmecken. Lachs auf dem Gemüse anrichten. Mit Dill garnieren. Dazu passen Dillkartoffeln.
Getränk: Weißwein, z. B. Riesling.

ZUBEREITUNGSZEIT ca. 50 Min.
PORTION ca. 590 kcal
35 g E • 39 g F • 16 g KH

Scholle mit Krabben-Dill-Soße

ZUTATEN FÜR 2 PERSONEN

- 500 g Kartoffeln
- Salz • Pfeffer
- 2 küchenfertige Schollen (à 350–400 g)
- 2 EL Zitronensaft
- 3–4 EL Mehl
- 3 EL Öl
- ⅛ l Milch
- 1 Päckchen Soßenpulver „Holländische Art" (für ¼ l)
- ½ Bund Dill
- 100 g Tiefseekrabbenfleisch
- ½ kleine Salatgurke
- ½ Kopfsalat
- 2 EL Weißweinessig

1 Kartoffeln schälen, waschen und halbieren. In Salzwasser zugedeckt ca. 20 Minuten kochen.

2 Schollen waschen und trocken tupfen. Mit Zitronensaft beträufeln. Würzen, in Mehl wenden und etwas abklopfen. 2 EL Öl erhitzen. Schollen erst auf der weißen Seite 5–7 Minuten goldbraun braten, dann wenden und 5–7 Minuten weiterbraten.

3 Milch und ⅛ l Wasser aufkochen. Soßenpulver einrühren und ca. 1 Minute kochen. Dill waschen und etwas zum Garnieren beiseite legen. Rest fein schneiden. Krabben abspülen und in der Soße erhitzen. Dill unterrühren.

4 Gurke putzen, evtl. schälen, waschen und in Scheiben hobeln oder schneiden. Salat putzen, waschen und kleiner zupfen. Essig, Salz und Pfeffer verrühren. 1 EL Öl darunterschlagen. Mit Gurke und Salat mischen. Kartoffeln abgießen. Alles anrichten. Mit Rest Dill garnieren.
Getränk: Weißwein, z. B. Weißburgunder, oder Bier.

ZUBEREITUNGSZEIT ca. 35 Min.
PORTION ca. 730 kcal
55 g E • 27 g F • 61 g KH

Portugiesischer Fischauflauf

ZUTATEN FÜR 4 PERSONEN

- 600 g Kartoffeln
- 3 Zwiebeln
- 2 Knoblauchzehen
- 3 rote Paprikaschoten
- 3 Tomaten
- 1 Bund glatte Petersilie
- 2 Piri-Piri-Schoten (Glas) oder 1 Msp. Chilipulver
- 120 g gekochter Schinken (Scheiben)
- 5 EL Olivenöl
- 1–2 Lorbeerblätter
- 100 ml trockener Weißwein
- Salz
- 800 g Fischfilet (z. B. Loup de Mer)
- 50 g Gouda (Stück)

1 Kartoffeln waschen und in Wasser ca. 20 Minuten kochen. Dann abschrecken, schälen und grob würfeln.

2 Zwiebeln und Knoblauch schälen, würfeln. Paprika und Tomaten putzen, waschen und fein würfeln. Petersilie waschen, grob hacken. Piri-Piri-Schoten putzen, entkernen und hacken. Schinken in feine Streifen schneiden.

3 Öl in einer Pfanne erhitzen. Zwiebeln, Knoblauch, Paprika, Schinken, Piri-Piri-Schoten und Lorbeer darin anbraten. Tomaten, Petersilie und Wein ca. 5 Minuten mitschmoren. Mit Salz würzen.

4 Fisch waschen, trocken tupfen und in 8 Stücke schneiden, salzen. Mit Paprikasoße und Kartoffeln in vier ofenfeste Förmchen oder eine große Form verteilen. Gouda reiben und darüberstreuen. Im vorgeheizten Backofen (E-Herd: 200 °C/Umluft: 175 °C/Gas: Stufe 3) ca. 20 Minuten goldbraun backen.
Getränk: kühler Roséwein.

ZUBEREITUNGSZEIT ca. 1 ¼ Std.
PORTION ca. 560 kcal
54 g E · 22 g F · 30 g KH

Kabeljau mit Rahmkarotten

ZUTATEN FÜR 4 PERSONEN

- 1 kg Kartoffeln
- Salz • Pfeffer • Zucker
- 750 g Möhren
- 50 g Cornflakes
- 1 Ei
- 600 g Fischfilet (z. B. Kabeljau)
- 2–3 EL Zitronensaft
- 2–3 EL Mehl
- 3–4 EL Butter/Margarine
- 100 g Schlagsahne
- 2 EL Öl
- 200 ml Milch
- Muskat

1 Kartoffeln schälen, waschen und halbieren. In Salzwasser zugedeckt ca. 20 Minuten kochen. Möhren schälen, waschen und in Scheiben schneiden.

2 Cornflakes fein zerbröseln. Ei verquirlen. Fisch waschen, trocken tupfen und in 4 Stücke schneiden. Mit Zitronensaft beträufeln und mit Salz und Pfeffer würzen. Fisch erst in Mehl, dann in Ei und zuletzt in den Cornflakes wenden. Panade etwas andrücken.

3 1–2 EL Fett im Topf erhitzen. Möhren darin andünsten. Mit Salz und 1 Prise Zucker würzen. 6–8 EL Wasser zugeben, aufkochen. Zugedeckt 6–8 Minuten dünsten. Sahne zugießen. Möhren mit Salz und Pfeffer abschmecken.

4 Öl in einer Pfanne erhitzen. Fisch darin von jeder Seite ca. 3 Minuten goldbraun braten. Kartoffeln abgießen. Milch und 2 EL Fett zufügen. Alles fein zerstampfen. Mit Salz und Muskat abschmecken. Fisch mit Rahmkarotten und Püree anrichten.

Getränk: Saftschorle.

ZUBEREITUNGSZEIT ca. 45 Min.
PORTION ca. 620 kcal
38 g E • 24 g F • 58 g KH

Miesmuscheln in Gemüsesahne

ZUTATEN FÜR 4 PERSONEN

- 3 kg Miesmuscheln
- 2 mittelgroße Zwiebeln
- 2 Knoblauchzehen
- 3 mittelgroße Möhren
- 1 Fenchelknolle
- 2 EL Öl
- Pfeffer • Salz
- ¼ l trockener Weißwein
- 1 TL Gemüsebrühe
- 100 g Schlagsahne
- 1 Baguette (ca. 250 g)

1 Miesmuscheln in kaltem Wasser waschen. Den Bart, falls vorhanden, entfernen. Geöffnete und beschädigte Muscheln aussortieren.

2 Zwiebeln und Knoblauch schälen. Zwiebeln halbieren und in Streifen, Knoblauch in Scheiben schneiden. Möhren und Fenchel schälen bzw. putzen und waschen. Alles in Scheiben schneiden.

3 Öl in einem sehr großen weiten Topf erhitzen. Zwiebeln, Knoblauch, Möhren und Fenchel darin 2–3 Minuten andünsten. Mit Pfeffer und wenig Salz würzen. Wein und ¼ l Wasser angießen, aufkochen und Brühe einrühren. Muscheln zufügen und im geschlossenen Topf bei starker Hitze ca. 10 Minuten kochen. Topf dabei ab und zu rütteln.

4 Muscheln abgießen, Fond dabei auffangen und mit Sahne verrühren, abschmecken. Geschlossene Muscheln wegwerfen. Muscheln samt Gemüse und Fond anrichten. Baguette in Scheiben schneiden und dazureichen.
Getränk: Weißwein, z. B. Frascati.

ZUBEREITUNGSZEIT ca. 1 Std.
PORTION ca. 590 kcal
44 g E • 18 g F • 51 g KH

Zanderfilet auf Pilzgemüse

ZUTATEN FÜR 4 PERSONEN

- **600–700 g Zanderfilet mit Haut**
- **1–2 EL Zitronensaft**
- **125 g geräucherter durchwachsener Speck**
- **400 g Kirschtomaten**
- **500 g Champignons**
- **1 mittelgroße Zwiebel**
- **ca. 50 g Rucola (Rauke)**
- **3–4 EL Öl**
- **Pfeffer • Salz**
- **ca. 4 gehäufte EL Mehl**

1 Zanderfilet waschen, trocken tupfen und in 4 Stücke schneiden. Die Hautseite mit einem scharfen Messer mehrmals quer einschneiden. Mit Zitronensaft beträufeln.

2 Speck fein würfeln. Tomaten waschen. Pilze putzen, waschen und halbieren oder vierteln. Zwiebel schälen und fein würfeln. Rucola verlesen, waschen und abtropfen lassen.

3 Speck in einer Pfanne ohne Fett knusprig braten, herausnehmen. 1 EL Öl im Bratfett erhitzen. Pilze darin anbraten. Zwiebel kurz mitbraten. Mit Pfeffer und wenig Salz würzen. Tomaten zufügen und schwenken. Speck und 5–6 EL Wasser zufügen. Aufkochen und kurz weiterköcheln, abschmecken.

4 Inzwischen Fisch mit Salz und Pfeffer würzen. In Mehl wenden und leicht abklopfen. In 2–3 EL heißem Öl von jeder Seite 2–3 Minuten braten. Rucola unter das Gemüse heben. Alles anrichten. Dazu schmecken frisches Baguette oder Röstkartoffeln.
Getränk: trockener Weißwein, z. B. Grüner Veltliner.

ZUBEREITUNGSZEIT ca. 40 Min.
PORTION ca. 480 kcal
38 g E • 30 g F • 12 g KH

Für Kartoffelfans

Was wäre die deutsche Küche ohne Kartoffeln! Denn sie sind in Aufläufen, Eintöpfen oder als Beilage einfach unschlagbar gut

EXQUISA ist mittelfrüh und festkochend und damit die optimale Wahl für Kartoffelsalat.

SECURA ist vorwiegend festkochend und bringt einen besonders intensiven Geschmack mit.

AULA besitzt eine eher raue Schale und tiefgelbes Fleisch. Als Mehligkochende perfekt für Pürees.

CILENA ist festkochend und hat die typische Birnenform. Sie ist eine der frühen Sorten im Jahr.

Eine tolle Knolle

Die Kartoffel ist weder Gemüse noch Frucht. Sie gehört zwar wie Paprika und Tomate zu den Nachtschattengewächsen, bildet warenkundlich gesehen aber eine eigene Gruppe. Die Lieblingsbeilage der Deutschen gibt es in unzähligen Sorten und Zubereitungsvarianten: Sie kann gekocht, gebraten oder frittiert, gestampft und zu Schnaps (Wodka) gebrannt werden.

Erntezeit

Frühkartoffeln wie **Leyla, Annabelle** oder **Cilena** werden ab Ende Mai bis Anfang August geerntet. Sie haben eine sehr dünne Schale ohne Bitterstoffe. Wenn diese gründlich mit Wasser und z. B. einer Gemüsebürste gesäubert wird, kann sie mitgegessen werden. Mittelfrühe Kartoffeln sind von Anfang August bis Mitte September erntereif. Bekannte Vertreter dieser Gruppe sind z. B. **Gala, Secura** oder **Solara.** Mittelspäte bis späte Kartoffeln (Lagerkartoffeln) wie **Belana** und **Jelly** sind ab Mitte September auf dem Markt. Weitere Unterscheidungskriterien innerhalb dieser Sorten sind ihre Konsistenz und die Kocheigenschaften. (Sie werden im Folgenden beschrieben.)

Kochtypen

Jedes Gericht stellt andere Ansprüche an die Kartoffel. Deshalb immer darauf achten, die passende Knolle für seinen Zweck zu wählen.

- **Festkochende Kartoffeln** enthalten am wenigsten Stärke und bleiben so beim Kochen gut in Form. Sie sind zum Beispiel besonders geeignet für Brat- oder Pellkartoffeln sowie Kartoffelsalate.
- **Vorwiegend festkochende Kartoffeln** sind eigentlich für alle Verarbeitungen perfekt, werden aber überwiegend für Salzkartoffeln und Pommes frites verwendet.
- **Mehligkochende Kartoffeln** enthalten am meisten Stärke und zerfallen deshalb nach dem Kochen schon fast im Topf. Damit eignen sie sich für Kartoffelpüree, Suppen oder Kartoffelklöße.

Vorbereitung

Augen auf beim Kartoffelkauf! Sind sie **fest** und relativ **sauber,** dürfen Sie zugreifen. Die Schale darf **keine Keime oder grüne Stellen** aufweisen, da diese giftige Stoffe enthalten. Bei der Zubereitung mit Schale **säubern** Sie diese am besten **gründlich,** da die Kartoffel – je nach Produktionsart – noch mit chemischen Rückständen verunreinigt sein kann. Werden die Kartoffeln geschält, müssen alle „Augen" und ggf. grünen Stellen herausgeschnitten werden. Am besten die Kartoffeln **erst kurz vor dem Kochen** schälen, da sie schnell ihre Vitamine verlieren.

Kartoffelkeller

LAGERUNG

Da Kartoffeln bei falscher Lagerung schnell zu keimen anfangen oder grüne Verfärbungen bekommen, sollte man sie kühl (4–12 °C), dunkel, trocken und luftig lagern. Hierzu eignet sich der Keller oder ein Vorratsraum (aber nicht der Kühlschrank – sie sind kälteempfindlich). Ansonsten Kartoffeln lieber in kleinen Mengen kaufen, im Jute- oder Leinenbeutel lagern und zügig aufbrauchen.

LAGERFÄHIGE SORTEN

Nicht jede Sorte eignet sich zur Lagerung. **Frühe und mittelfrühe Kartoffeln** sollten am besten innerhalb von 14 Tagen verzehrt werden, die **mittelspäten bis späten** Sorten dagegen können gut den Winter über bis zum Frühling lagern.

KARTOFFELCHIPS können in der Fritteuse oder der Pfanne ganz einfach selbst gemacht werden.

KARTOFFELSTIFTE, z. B. für Pommes frites, sind mit Ketchup und Mayonnaise ein absoluter Klassiker.

KARTOFFELWÜRFEL passen für Gratins oder als Einlage in Eintöpfen und klaren Suppen.

KARTOFFELRASPEL sind die ideale Grundform für Rösti. Festkochende Kartoffeln sind hier gut geeignet.

Salzkartoffeln kochen (Rezept S. 116)

Kartoffeln waschen, damit sie beim Schälen sauber bleiben. Dann mit Sparschäler oder Schälmesser dünn schälen. Flecken und Augen entfernen.

Kartoffeln nochmals waschen und je nach Größe halbieren oder vierteln. In einen Topf geben, mit **Wasser** bedecken und **1 TL Salz** hineinstreuen.

Den Deckel auflegen und alles aufkochen. Zugedeckt ca. 20 Minuten garen. Zum Prüfen, ob die Kartoffeln gar sind, mit einem spitzen Messer einstechen.

Sind sie weich, Deckel etwas öffnen und ein Küchenhandtuch quer über den Topf legen, abgießen. Topf offen zurück auf den Herd stellen, abdämpfen lassen.

Pellkartoffeln kochen (Rezept S. 113)

Als Erstes **einwandfreie, gleich große Kartoffeln** auswählen. Dann in Wasser gründlich abbürsten und in einen Topf geben. Mit Wasser bedecken.

Alles aufkochen und zugedeckt ca. 20 Minuten kochen. Garprobe: Mit spitzem Messer oder einer Gabel einstechen. Wenn die Knollen noch hart sind, weiterkochen.

Wenn die Kartoffeln weich sind, abgießen und kurz mit **reichlich kaltem Wasser** abschrecken. Die Schale lässt sich dann hinterher leichter abpellen.

Spießen Sie die heißen Kartoffeln beim Pellen am besten auf eine Pellkartoffelgabel, damit Sie sich nicht die Finger verbrennen. Die Schale mit dem Messer abziehen.

Kartoffelpüree zubereiten (Rezept S. 111)

Für lockeres Püree nimmt man am besten **mehligkochende Kartoffeln**. Kochen Sie sie wie oben als Pellkartoffeln oder geschält und in Stücke geschnitten.

Weich kochen, evtl. schälen und mit dem Kartoffelstampfer fein zerstampfen oder durch eine Kartoffelpresse drücken.

Milch und etwas Fett erhitzen, zu den Kartoffeln gießen. Mit dem Schneebesen unterrühren und mit Salz, Pfeffer und etwas geriebener Muskatnuss abschmecken.

Für Herzoginkartoffeln (s. S. 122) in einen **Spitzbeutel mit Sterntülle** füllen. Dicht an dicht als kleine Rosetten auf ein mit **Backpapier** ausgelegtes Blech spritzen.

Kartoffelpuffer braten (Rezept S. 114)

Für Kartoffelpuffer **500 g Kartoffeln** fein reiben. Eine vorwiegend **festkochende Sorte** wählen und lieber große Exemplare, damit's beim Reiben schneller geht.

Die Kartoffelraspel gut ausdrücken und mit **1 EL Mehl, 1 Ei** und **½ TL Salz** mischen. Ca. 5 Minuten quellen lassen.

2 EL Öl oder Butterschmalz in einer beschichteten Pfanne gut erhitzen. 3–4 gehäufte EL Kartoffelmasse nebeneinander hineingeben und etwas flach drücken.

Bei mittlerer Hitze von jeder Seite 4–5 Minuten goldbraun braten. Das überschüssige Fett auf **Küchenpapier** abtropfen lassen. Im Backofen warm stellen.

Kartoffelgratin backen (Rezept S. 117)

Festkochende oder vorwiegend festkochende Kartoffeln schälen und waschen. Dann in gleichmäßige Scheiben schneiden oder auf einem Gurkenhobel hobeln.

Die Scheiben evtl. bis zum Einschichten in kaltes Wasser legen, damit sie nicht dunkel anlaufen. Dann abtropfen lassen und mit **Küchenpapier** trocken tupfen.

Eine Gratinform mit **einer halbierten Knoblauchzehe** ausreiben und fetten. Die Kartoffelscheiben von außen beginnend dachziegelartig einschichten.

Sahne mit **Salz** und **Pfeffer** würzen und über die Kartoffeln gießen. Im vorgeheizten Backofen (200 °C/Umluft: 175 °C/Gas: Stufe 3) ca. 45 Minuten backen.

Kartoffelklöße zubereiten

Für Klöße verwendet man eine **mehligkochende Sorte. 500 g** gekochte Pellkartoffeln (s. S. 109) werden noch heiß durch eine Kartoffelpresse gedrückt.

75 g Mehl, 1 Ei und **½ TL Salz** erst mit den Knethaken des Handrührgerätes und dann mit den Händen glatt unter die Kartoffelmasse kneten.

Kartoffelteig zur Rolle Formen, in gleich große Portionen schneiden und mit bemehlten Händen zu Klößen formen. **Reichlich Salzwasser** im großen Topf aufkochen.

Die Klöße darin bei schwacher Hitze ca. 20 Minuten **offen gar ziehen lassen,** bis sie oben schwimmen. Mit einer Schaumkelle einzeln herausheben.

Senf-Kartoffelpüree zu überbackenem Lachsfilet

ZUTATEN FÜR 6 PERSONEN

- 2 Scheiben Weißbrot (vom Vortag)
- 50 g gesalzene geröstete Macadamianüsse
- ½ Bund Petersilie
- 6–7 EL weiche Butter
- 2 EL Zitronensaft
- Salz • Pfeffer • Muskat
- 1 Wirsing (ca. 1,5 kg)
- 1 mittelgroße Zwiebel
- 1 kg Lachsfilet
- 1,5 kg mehligkochende Kartoffeln
- 100 g Schlagsahne
- ½ TL Gemüsebrühe
- 2 EL Öl • 2 EL Senfkörner
- ⅜ l Milch • ca. 2 EL mittelscharfer Senf
- Backpapier

1 Für die Kruste Weißbrot im Universalzerkleinerer fein zermahlen. Macadamianüsse grob hacken. Petersilie waschen, abzupfen und fein hacken. Alles mit 4 EL Butter und Zitronensaft verkneten. Mit wenig Salz würzen.

2 Wirsing putzen, waschen, vierteln und in Streifen vom Strunk schneiden. Zwiebel schälen und fein würfeln. Fisch waschen, trocken tupfen und in 6 Stücke schneiden. Kartoffeln schälen, waschen und zugedeckt in Salzwasser ca. 20 Minuten kochen.

3 Kohl und Zwiebel in 1 EL heißer Butter andünsten. Mit Salz, Pfeffer und Muskat würzen. 100 ml Wasser und Sahne angießen, Gemüsebrühe darin auflösen und aufkochen. Kohl zugedeckt ca. 15 Minuten garen.

4 Öl in einer Pfanne erhitzen. Lachs darin von jeder Seite ca. 1 Minute anbraten. Mit wenig Salz und Pfeffer würzen. Auf ein mit Backpapier ausgelegtes Backblech legen, die Nussmasse auf dem Fischfilet verteilen. Im vorgeheizten Backofen (E-Herd: 225 °C/Umluft: 200 °C/Gas: Stufe 4) 7–8 Minuten überbacken.

5 Senfkörner in 1–2 EL heißer Butter anrösten. Milch erhitzen. Kartoffeln abgießen, Milch zugießen. Mit einem Kartoffelstampfer zu Püree stampfen. Mit Senf und Salz abschmecken. Alles anrichten. Senfbutter über das Püree verteilen. **Getränk:** Weißwein, z. B. Riesling.

ZUBEREITUNGSZEIT ca. 1 Std.
PORTION ca. 830 kcal
47 g E • 50 g F • 43 g KH

Rohe Klöße mit Mischpilzrahm

ZUTATEN FÜR 4 PERSONEN

- 1 kg mehligkochende Kartoffeln
- 350 g Porree (Lauch)
- Salz • Muskat • Pfeffer
- 50 g geräucherter durchwachsener Speck
- evtl. 2–3 EL Mehl
- 1 Dose (850 ml) Mischpilze
- 250 g Champignons
- 1 EL Butter/Margarine
- 200 g Schlagsahne
- 1 TL klare Brühe
- 3–4 EL heller Soßenbinder
- evtl. Petersilie zum Garnieren

1 250 g Kartoffeln waschen und zugedeckt in Wasser ca. 20 Minuten kochen. Anschließend abschrecken, schälen und durch eine Kartoffelpresse drücken. Abkühlen lassen.

2 Porree putzen, waschen und in feine Ringe schneiden. In kochendem Salzwasser kurz vorgaren, dann abtropfen lassen. Speck würfeln und knusprig auslassen, herausnehmen. Porree im Speckfett schwenken. Abkühlen lassen.

3 750 g Kartoffeln schälen, waschen und fein reiben. Im Tuch gut ausdrücken, Kartoffelwasser auffangen, ca. 10 Minuten stehen lassen. Flüssigkeit abgießen. Abgesetzte Stärke, alle Kartoffeln, ⅓ Porree und Mehl verkneten. Mit Salz und Muskat würzen.

4 Kartoffelmasse zu 8–10 Klößen formen. In kochendes Salzwasser geben und 15–20 Minuten gar ziehen lassen.

5 Mischpilze kalt abspülen und gut abtropfen lassen. Champignons putzen, waschen und halbieren. Alle Pilze im heißen Fett ca. 5 Minuten braten. Mit ¼ l Wasser und Sahne ablöschen. Brühe einrühren, aufkochen und mit Soßenbinder binden. Rest Porree und Speck darin erhitzen, abschmecken. Alles anrichten. Mit Petersilie garnieren.
Getränk: Bier und Korn.

ZUBEREITUNGSZEIT ca. 1 ¼ Std.
PORTION ca. 550 kcal
13 g E • 31 g F • 51 g KH

Pellkartoffeln zu Heringsstipp

ZUTATEN FÜR 6–8 PERSONEN

- 4 Salzheringe (vom Fischhändler filetieren und häuten lassen; ersatzweise 8 Matjesfilets)
- 250 g Schmand oder saure Sahne
- 150 g Schlagsahne
- 1 TL Zitronensaft
- 1 EL geriebener Meerrettich (Glas)
- 1 EL weiße Pfefferkörner oder etwas gemahlener weißer Pfeffer
- etwas Zucker
- 2–3 mittelgroße Gewürzgurken
- 2 Zwiebeln
- 2 mittelgroße säuerliche Äpfel
- 1–2 Lorbeerblätter
- 1 kg mittelgroße Kartoffeln
- evtl. Dill zum Garnieren

1 Heringsfilets ca. 12 Stunden wässern, Wasser dabei mehrmals erneuern.

2 Schmand, Sahne, Zitronensaft, Meerrettich und Pfefferkörner verrühren. Mit Zucker abschmecken. Gurken in dünne Scheiben schneiden. Zwiebeln schälen und in feine Ringe schneiden. Äpfel schälen, vierteln, entkernen und in kleine Stücke schneiden.

3 Heringe trocken tupfen und in Stücke schneiden. Nacheinander je die Hälfte Zwiebeln, Äpfel, Gurken und Heringe in einen Steintopf oder eine Schüssel schichten. Hälfte Schmand darübergießen. Lorbeer zufügen. Restliche Zutaten ebenso einschichten. Alles 2–3 Tage zugedeckt im Kühlschrank ziehen lassen.

4 Kartoffeln waschen, zugedeckt in Wasser ca. 20 Minuten kochen. Dann abschrecken und schälen. Alles anrichten, mit Dill garnieren. Dazu: Butterlöckchen. **Getränk:** Bier, z. B. Kölsch.

ZUBEREITUNGSZEIT ca. 35 Min.
WARTEZEIT 2½–3½ Tage
PORTION ca. 850 kcal
32 g E · 62 g F · 35 g KH

Kartoffelpuffer mit Rübenkraut

ZUTATEN FÜR 4 PERSONEN

- **1 mittelgroße Zwiebel**
- **1 kg große festkochende Kartoffeln**
- **2 Eier (Gr. M)**
- **3–4 EL Mehl**
- **Salz**
- **Muskat**
- **6 EL Öl**
- **4 TL Butter**
- **4 Scheiben Schwarzbrot**
- **4 EL dunkler Zuckerrübensirup**

1 Zwiebel schälen. Kartoffeln schälen und waschen. Beides fein reiben. Mit Eiern und Mehl verrühren. Mit Salz und Muskat kräftig würzen.

2 2 EL Öl in einer großen beschichteten Pfanne erhitzen. Aus der Kartoffelmasse mit einem Esslöffel 3–4 Reibekuchen ins heiße Fett geben und etwas flach drücken. Bei mittlerer Hitze von beiden Seiten goldbraun braten. Warm stellen.

3 Auf die gleiche Weise weitere 6–8 Reibekuchen backen. Mit gebuttertem Schwarzbrot und Zuckerrübensirup servieren. Dazu passt Apfelkompott. **Getränk:** Kaffee oder Kölsch und Kabänes (Kräuterlikör).

ZUBEREITUNGSZEIT ca. 1 Std.
PORTION ca. 480 kcal
11 g E • 23 g F • 54 g KH

Extra-Info

Reibekuchen (rheinländisch: Rievkooche) werden traditionell im katholischen Rheinland freitags gern statt Fisch als Fastenessen verspeist. Auch auf der Kirmes und an Imbissbuden sind sie sehr beliebt. Bei den Beilagen kann man nach Herzenslust variieren: Statt Apfelkompott und Rübenkraut passen auch Crème fraîche und geräucherter Lachs.

Gnocchi mit Steinpilzen und Grana Padano

ZUTATEN FÜR 4 PERSONEN

- 1 kg mehligkochende Kartoffeln
- 2 Eigelb (Gr. M)
- 150 g Grieß
- 100–150 g Mehl
- Salz • Pfeffer
- Muskat
- 400 g Steinpilze
- 4 EL Butter
- 50 g Grana Padano (s. Info rechts) oder Parmesan (Stück)

1 Kartoffeln waschen und ca. 20 Minuten kochen. Abschrecken und die Schale abziehen. Noch heiß durch eine Kartoffelpresse in eine Schüssel drücken.

2 Kartoffeln, Eigelb, Grieß, 100 g Mehl, Salz, Pfeffer und Muskat zu einem weichen Teig verkneten und evtl. noch bis zu 50 g Mehl darunterkneten. Aus dem Teig daumendicke Rollen formen, in kleine Stücke schneiden und mit leicht bemehlten Händen zu Kugeln formen. Mit einer Gabel etwas eindrücken.

3 Reichlich Salzwasser in einem weiten Topf aufkochen. Gnocchi portionsweise darin gar ziehen lassen, bis sie an der Oberfläche schwimmen. Mit der Schaumkelle herausheben und abtropfen lassen.

4 Pilze putzen und säubern, evtl. waschen. Je nach Größe halbieren oder in Scheiben schneiden. In 2 EL heißer Butter kräftig anbraten. Mit Salz und Pfeffer würzen und herausnehmen.

5 2 EL Butter im Bratfett erhitzen. Gnocchi zufügen und darin schwenken. Pilze zufügen, mit Pfeffer würzen. Anrichten und Käse darüberhobeln.
Getränk: Rotwein, z. B. Barbera d'Alba.

ZUBEREITUNGSZEIT ca. 1 ½ Std.
PORTION ca. 530 kcal
20 g E • 16 g F • 73 g KH

Extra-Info

Der würzige Hartkäse Grana Padano ähnelt dem Parmesan und eignet sich auch hervorragend zum Reiben. Er passt aber ebenso pur zum Glas Wein.

Salzkartoffeln zu Bratfisch

ZUTATEN FÜR 4 PERSONEN

- 1 Salatgurke
- Salz • Pfeffer
- 2 Zwiebeln (z. B. rote)
- 2 rote Paprikaschoten
- 5–6 EL Zitronensaft
- Zucker
- 3 EL Öl
- 800 g Kartoffeln
- 600 g Fischfilet (z. B. Seelachs)
- ½ Bund/Töpfchen Kerbel
- 75 g flüssige saure Sahne

1 Gurke schälen und in Scheiben hobeln bzw. schneiden, leicht salzen und kurz ziehen lassen.

2 Zwiebeln schälen, halbieren und in Ringe schneiden. Paprika putzen, waschen und fein würfeln. 2–3 EL Zitronensaft, etwas Zucker und Pfeffer verrühren. 1 EL Öl darunterschlagen. Mit der Gurke mischen. Hälfte Zwiebel und Paprika untermischen. Alles etwas ziehen lassen.

3 Kartoffeln waschen und in Salzwasser zugedeckt ca. 20 Minuten kochen. Fischfilets waschen, trocken tupfen und halbieren. Mit 2 EL Zitronensaft, Salz und Pfeffer würzen. 2 EL Öl in einer beschichteten Pfanne erhitzen. Fisch darin von jeder Seite 2–3 Minuten goldbraun braten. Rest Zwiebel zufügen und mitbraten.

4 Kerbel waschen und etwas zum Garnieren beiseite legen. Den Rest fein hacken. Saure Sahne mit Salz, Pfeffer und ca. 1 EL Zitronensaft abschmecken. Kerbel unterrühren. Kartoffeln abgießen. Mit Fisch und Kräutersoße anrichten und mit Kerbel garnieren. Salat dazureichen. **Getränk:** trockener Weißwein, z. B. Grüner Veltliner.

ZUBEREITUNGSZEIT ca. 45 Min.
PORTION ca. 470 kcal
33 g E • 21 g F • 34 g KH

Kasseler-Kartoffel-Gratin

ZUTATEN FÜR 4 PERSONEN

- 400 g ausgelöstes Kasselerkotelett
- 600 g Möhren
- 1 Bund Lauchzwiebeln
- 2 EL Öl
- Pfeffer • Salz • Muskat
- 2 TL Brühe
- evtl. etwas heller Soßenbinder
- Fett für die Form
- 800 g Kartoffeln
- 300 g Crème fraîche
- 80 g Appenzeller (Stück)
- evtl. Kerbel oder Petersilie zum Garnieren

1 Kasseler in kleine Würfel schneiden. Möhren und Lauchzwiebeln putzen bzw. schälen und waschen. Möhren in dünne Scheiben und Lauchzwiebeln in Ringe schneiden.

2 Öl in einer Pfanne erhitzen. Kasseler darin anbraten. Lauchzwiebeln und Möhren kurz mitdünsten. Alles mit wenig Pfeffer würzen. 400 ml Wasser angießen. Aufkochen und Brühe einrühren. Ragout evtl. leicht binden und in eine gefettete Auflaufform geben.

3 Kartoffeln schälen, waschen und in dünne Scheiben hobeln oder schneiden. Dachziegelartig auf dem Ragout verteilen, die Mitte dabei frei lassen. Crème fraîche mit Salz, Pfeffer und Muskat würzen. Käse reiben und unterrühren. Alles auf den Kartoffeln verteilen. Im vorgeheizten Backofen (E-Herd: 200 °C/Umluft: 175 °C/Gas: Stufe 3) 20–30 Minuten backen. Mit Kerbel garnieren.
Getränk: Weißweinschorle.

ZUBEREITUNGSZEIT ca. 50 Min.
PORTION ca. 680 kcal
34 g E • 40 g F • 41 g KH

Extra-Tipp

Wer dieses Gericht spontan aus dem Vorrat zaubern möchte, kann anstelle des Kasselerkoteletts auch Schinkenwürfeln oder Würstchen verwenden.

Bratkartoffeln mit Roastbeef und Remoulade

ZUTATEN FÜR 4 PERSONEN

- 1 kg festkochende Kartoffeln
- 300 g Vollmilchjoghurt
- 75 g Salatcreme
- 2–3 Gewürzgurken + 2 EL Gurkenwasser (Glas)
- 1 Bund Schnittlauch
- 1 EL Kapern (Glas)
- Salz • Pfeffer • Zucker
- 1 mittelgroße Zwiebel
- 2 EL Öl
- evtl. etwas Rauchsalz
- 8 Scheiben (à ca. 25 g) Roastbeef-Aufschnitt

1 Kartoffeln waschen und zugedeckt ca. 20 Minuten kochen. Abschrecken, schälen und abkühlen lassen.

2 Joghurt und Salatcreme verrühren. Gurken fein würfeln. Schnittlauch waschen, trocken schütteln und in Röllchen schneiden. Beides mit Gurkenwasser und Kapern unterrühren. Mit Salz, Pfeffer und 1 Prise Zucker abschmecken.

3 Zwiebel schälen und fein würfeln. Kartoffeln in Scheiben schneiden und vorsichtig mit dem Öl mischen. Eine große beschichtete Pfanne erhitzen. Kartoffeln darin evtl. portionsweise knusprig braun braten, dabei ab und zu wenden. Zwiebel kurz mitbraten. Mit Rauchsalz bzw. Salz und Pfeffer würzen. Mit Roastbeef und Remoulade anrichten.

Getränk: Bier, z. B. Pils.

ZUBEREITUNGSZEIT ca. 1 Std.
ABKÜHLZEIT ca. 30 Min.
PORTION ca. 350 kcal
19 g E • 12 g F • 38 g KH

Extra-Tipps

- Bratkartoffeln gelingen am besten mit Pellkartoffeln vom Vortag. Dann sind sie gut ausgekühlt und zerfallen beim Braten nicht so leicht.
- Statt Roastbeef können Sie auch prima Schweinebraten oder magere Schinkensülze zu den Bratkartoffeln reichen.

Kartoffel-Raclette-Auflauf mit Hack

ZUTATEN FÜR 4 PERSONEN

- 750 g kleine festkochende Kartoffeln
- 750 g Rosenkohl
- Salz • Pfeffer • Muskat
- 150 g Raclettekäse (Stück)
- 2 leicht gehäufte EL (30 g) Butter/Margarine
- 2 leicht gehäufte EL (30 g) Mehl
- ¼ l Milch
- 1 TL Gemüsebrühe
- 1 mittelgroße Zwiebel
- 5–6 Stiele Majoran
- 400 g gemischtes Hack
- 1 EL Öl
- 2 EL Tomatenmark
- Fett für die Form

1 Kartoffeln waschen und zugedeckt ca. 20 Minuten kochen. Dann abschrecken und schälen. Rosenkohl putzen und waschen. In kochendem Salzwasser ca. 15 Minuten garen. Gut abtropfen lassen.

2 Raclettekäse grob raspeln. Fett erhitzen. Mehl darin anschwitzen. ¼ l Wasser, Milch und Brühe einrühren. Aufkochen und ca. 5 Minuten köcheln. ⅓ Käse in die Soße rühren. Mit Salz, Pfeffer und Muskat abschmecken.

3 Zwiebel schälen und fein würfeln. Majoran waschen und grob hacken. Hack im heißen Öl krümelig anbraten. Mit Salz, Pfeffer und Majoran würzen. Zwiebel kurz mitbraten. Tomatenmark mit anschwitzen. Mit knapp 100 ml Wasser ablöschen, aufkochen und ca. 5 Minuten köcheln.

4 Kartoffeln, Rosenkohl und Hack in eine gefettete Auflaufform füllen. Die Käsesoße darübergießen. Mit übrigem Käse bestreuen. Im vorgeheizten Backofen (E-Herd: 200 °C/Umluft: 175 °C/Gas: Stufe 3) ca. 30 Minuten überbacken. **Getränk:** Bier, z. B. Pils.

ZUBEREITUNGSZEIT ca. 1 ½ Std.
PORTION ca. 740 kcal
45 g E • 42 g F • 40 g KH

Ofen-Tortilla mit Garnelen

ZUTATEN FÜR 3–4 PERSONEN

- 250 g rohe Garnelen (ohne Kopf, mit Schale; frisch oder TK)
- 1 kg festkochende Kartoffeln
- 2–3 Zweige Rosmarin
- 2 Knoblauchzehen
- 4–5 Eier
- ¼ l Milch
- Salz • Pfeffer • Edelsüß-Paprika
- 10 dünne Scheiben Frühstücksspeck (Bacon)

1 TK-Garnelen auftauen lassen. Kartoffeln waschen und zugedeckt ca. 20 Minuten kochen. Dann abschrecken, schälen und abkühlen lassen.

2 Garnelen schälen, evtl. den dunklen Darm entfernen, waschen und trocken tupfen. Rosmarin waschen und etwas zum Garnieren beiseite legen. Rest hacken. Knoblauch schälen und in dünne Scheiben schneiden. Eier und Milch verquirlen. Mit Knoblauch, Salz, Pfeffer und Edelsüß-Paprika kräftig würzen.

3 Speckscheiben halbieren. Eine große ofenfeste Pfanne oder Pizzaform (ca. 28 cm Ø) damit auslegen. Mit gehacktem Rosmarin bestreuen. Kartoffeln in Scheiben schneiden und mit den Garnelen einschichten. Eiermilch darübergießen.

4 Im vorgeheizten Backofen (E-Herd: 200 °C/Umluft: 175 °C/Gas: Stufe 3) ca. 45 Minuten stocken lassen. Mit Rest Rosmarin garnieren. Dazu passt Aioli (s. S. 165) oder Tomatensoße (s. S. 170).
Getränk: spanischer Rotwein, z. B. Tempranillo.

ZUBEREITUNGSZEIT ca. 1 ¾ Std.
EVTL. AUFTAUZEIT ca. 1 Std.
PORTION ca. 470 kcal
30 g E • 19 g F • 41 g KH

Ofenkartoffeln mit Fetajoghurt

ZUTATEN FÜR 4 PERSONEN

- 1,5 kg (ca. 16 Stück) mittelgroße neue Kartoffeln
- Öl fürs Blech
- 3 EL (40 g) Sonnenblumenkerne
- 1 Bund (ca. 300 g) Radieschen
- 100 g Linsensprossen
- 1 großes Bund glatte Petersilie
- 100 g Fetakäse
- 500 g Vollmilchjoghurt
- Pfeffer • Salz
- 12 Scheiben (à 7–8 g) Schwarzwälder Schinken

1 Kartoffeln waschen und zugedeckt ca. 15 Minuten vorkochen. Dann abgießen und auf ein geöltes Backblech legen. Im vorgeheizten Backofen (E-Herd: 200 °C/Umluft: 175 °C/Gas: Stufe 3) ca. 20 Minuten backen.

2 Sonnenblumenkerne in einer Pfanne ohne Fett rösten und herausnehmen. Radieschen putzen, waschen und in Stifte schneiden. Sprossen verlesen, abspülen und gut abtropfen lassen. Petersilie waschen, trocken schütteln und etwas zum Garnieren beiseite legen. Rest in feine Streifen schneiden.

3 Käse fein zerbröckeln und mit dem Joghurt verrühren. Mit Pfeffer und wenig Salz abschmecken. Sonnenblumenkerne, Sprossen, Radieschen und Petersilie mischen. Gut die Hälfte unter den Fetajoghurt rühren. Kartoffeln aus dem Ofen nehmen und an einer Längsseite aufbrechen. Mit Fetajoghurt und Schinken anrichten, mit der Sprossenmischung bestreuen und mit Rest Petersilie garnieren. Übrigen Joghurt dazureichen.
Getränk: Saftschorle.

ZUBEREITUNGSZEIT ca. 50 Min.
PORTION ca. 470 kcal
25 g E • 13 g F • 60 g KH

Extra-Tipp

Wenn keine Saison für neue Kartoffeln ist, schrubben Sie die Kartoffeln besonders gründlich mit der Gemüsebürste. Oder löffeln Sie die Kartoffeln beim Essen aus und lassen die Schale übrig.

Köstliches ... aus rohen Kartoffeln

Kartoffelgratin

750 g Kartoffeln (z. B. festkochend) schälen, waschen und in dünne Scheiben hobeln oder schneiden. Vier kleine Gratinförmchen oder eine große Form fetten. Kartoffeln dachziegelartig hineinlegen und mit **Salz und Pfeffer** würzen. **250–300 g Schlagsahne** angießen. Im vorgeheizten Backofen (E-Herd: 200 °C/ Umluft: 175 °C/Gas: Stufe 3) ca. 45 Minuten backen. Tipp: Für eine goldbraune Käsekruste mit ca. **75 g frisch geriebenem Parmesan** bestreuen.

Schwedische Kartoffeln

1 kg mittelgroße Kartoffeln (z. B. vorwiegend festkochend) schälen und waschen. Auf einen Esslöffel legen, dicht an dicht bis zum Löffelrand einschneiden und in eine Auflaufform setzen. Mit **3 EL zerlassener Butter** bestreichen. Mit **Salz** und **Pfeffer** würzen, evtl. mit **3 EL Paniermehl** bestreuen. Im vorgeheizten Backofen (E-Herd: 200 °C/Umluft: 175 °C/Gas: Stufe 3) ca. 45 Minuten backen, dabei öfter mit **etwas zerlassener Butter** bestreichen.

Knusprige Rösti

800 g große Kartoffeln (z. B. vorwiegend festkochend) schälen, waschen und grob raspeln. **1 Zwiebel** schälen, fein würfeln. Mit **1 Ei** und **1 EL Mehl** unter die Kartoffeln rühren. Mit **Salz** und **Pfeffer** würzen. **6 EL Öl** portionsweise in einer beschichteten Pfanne erhitzen und darin nacheinander ca. 16 Rösti braten. Tipp: Toll dazu passen Räucherlachs oder Forellenfilets.

... aus gekochten Kartoffeln

Kartoffelplätzchen

1 kg mehligkochende Kartoffeln schälen, waschen. In Salzwasser zugedeckt ca. 20 Minuten kochen. Abgießen, abdämpfen lassen und heiß durch eine Kartoffelpresse drücken. **½ Bund Petersilie** waschen, abzupfen und hacken. Mit **50 g Schinkenwürfeln** unterrühren. Mit **Salz** und **Pfeffer** würzen. Zur Rolle formen und in ca. 16 Taler schneiden. **4–6 EL Öl** in einer beschichteten Pfanne erhitzen, die Plätzchen darin goldbraun braten.

Mandelkroketten

1 kg mehligkochende Kartoffeln schälen, waschen. In **Salzwasser** zugedeckt ca. 20 Minuten kochen. Abgießen, abdämpfen lassen und heiß durch eine Kartoffelpresse drücken. Abkühlen lassen. **1 Eigelb** und **3 EL Mehl** unterkneten, mit **Salz, Pfeffer** und **Muskat** würzen. Daraus runde Kroketten formen. 2 Eier und **4 EL Milch** verquirlen. **4 EL Paniermehl** und **100 g Mandelblättchen** mischen. Kroketten erst im Ei, dann in den Mandeln wenden, Mandeln andrücken. In **1 l heißem Öl oder Frittierfett** goldbraun ausbacken.

Herzoginkartoffeln

1 kg mehligkochende Kartoffeln vorbereiten und durchpressen (s. Mandelkroketten). Abkühlen lassen. **3 Eigelb** und **5 EL Milch** unterrühren. Mit **Salz** und **Muskat** würzen. Masse in einen Spritzbeutel mit großer Sterntülle füllen und ca. 20 Tuffs auf ein mit **Backpapier** ausgelegtes Backblech spritzen. **1 Eigelb** und **2 EL Milch** verquirlen, Tuffs damit vorsichtig bestreichen. Im vorgeheizten Backofen (E-Herd: 200 °C/Umluft: 175 °C/Gas: Stufe 3) ca. 20 Minuten goldbraun backen.

Leckeres mit Nudeln

Hier findet jeder sein Lieblingsrezept: Tortellinisalat, Spaghetti mit verführerischen Soßen oder frische Spätzle mit Braten

Warenkunde Nudeln

BANDNUDELN enthalten oft Ei und schmecken am leckersten zu Sahnesoßen und Ragouts.

FARFALLE aus Hartweizengrieß sind prima für Salate, da sie nach dem Kochen gut in Form bleiben.

LASAGNENUDELN UND CANNELLONI sind vorgegart und müssen nur noch gefüllt bzw. geschichtet werden.

BUNTE NUDELN bringen Farbe ins Spiel. Sie werden mit Tomate oder Spinat rot bzw. grün gefärbt.

Zutaten

Nudeln ohne Ei bestehen ausschließlich aus Hartweizengrieß, Wasser und Salz. Sie sind in der italienischen Küche am beliebtesten.
Eierteigwaren haben eine schöne Gelbfärbung, gekocht sind sie etwas geschmeidiger und schmackhafter. Frische Pasta, Bandnudeln und gefüllte Nudeln enthalten meist Ei.
Vollkornnudeln werden aus Vollkornmehl mit oder ohne Ei hergestellt. Sie sind dunkler, haben mehr Ballaststoffe und schmecken kräftiger.
Neuer auf dem Markt sind sogenannte **Pasta integrali.** Sie werden aus Vollkorn-Hartweizengrieß hergestellt und schmecken milder als normale Vollkornnudeln.

Vielfalt

Nudeln gibt's in unzählbaren Formen und vielen Farben. In fast jedem Supermarkt ist die Auswahl groß.

Lange Nudeln wie **Spaghetti** und **Makkaroni** sind echte Allroundtalente. Lecker zu allen Soßen in Aufläufen. Die gewellten **Mafaldine** nehmen Soße besonders gut auf und sehen hübsch aus.

Zu den Bandnudeln zählen die breiten **Pappardelle,** mittelbreite **Fettuccine** und schmale **Tagliatelle.** Fast so dünn wie Spaghetti, aber flach sind **Linguine.** Sie haben eine sehr kurze Garzeit.

Kurze Nudeln bilden die größte Gruppe. Dazu zählen **Farfalle,** kurze **Makkaroni, Girandole, Fusilli, Penne rigate, Rigatoni, Gnocchinudeln** und viele andere. Besonders die gedrehten Sorten und Nudeln mit Rillen nehmen Soße gut auf. In Pastasalaten, Eintöpfen und Aufläufen sehen sie toll aus, und bleiben gut in Form.

Zu den Suppennudeln gehören kleine **Muscheln, Sternchen, Faden- und Buchstabennudeln.** Für eine klare Brühe lieber getrennt garen und zur Suppe geben.

Schicht- und Füllnudeln wie **Cannelloni** (große Röhrennudeln) und **Lasagneplatten** werden mit leckeren Soßen in die Auflaufform geschichtet und darin fertig gegart.

Asianudeln sind aus Reis-, Buchweizen- oder Weizenmehl **(Mie-Nudeln)** mit oder ohne Ei hergestellt. Sie eignen sich bestens für fixe Suppen oder Wokgerichte, da sie meist sehr dünn und oft vorgekocht (Instantnudeln) sind.

Soßen

Nudeln und Soßen ergeben wahre Traumpaare: Zu kräftigen **Käsesoßen** und **Ragouts** schmecken kurze, gerillte Nudeln. Milde **Tomaten-, Zitronen- und Sahnesoßen** harmonieren mit dünnen Nudeln (schmale Bandnudeln, Spaghetti). Dickere Nudeln wie Tortiglioni passen zu gehaltvollen **Fleischsoßen.**

GRUNDREZEPTE (FÜR 4 PERSONEN)

• FÜR NUDELTEIG

300 g Mehl und ½ TL Salz mischen. 3 Eier (Gr. M) und 1 EL Olivenöl zufügen. Erst mit den Knethaken des Handrührgerätes, dann mit den Händen zum glatten Teig verarbeiten (dabei evtl. noch 1–2 EL Wasser zufügen). Teig zur Kugel formen und auf etwas Mehl ca. 10 Minuten durchkneten. In Frischhaltefolie wickeln, ca. 30 Minuten bei Raumtemperatur ruhen lassen. Dann weiterverarbeiten (s. rechts).

• FÜR FRISCHE SPÄTZLE

Teig aus 300 g Mehl, 4 Eiern, ca. 50 ml Wasser und etwas Salz mit einem Holzkochlöffel rühren, bis er Blasen wirft.

Wie viel Nudeln sind eine Portion?

TROCKENPRODUKTE

Als **Beilage** rechnet man pro Person 50–75 g rohe Nudeln. Als **Hauptgericht** zusammen mit einer gehaltvollen Soße (wie z. B. einer Bolognesesoße; s. S. 169) sollten es 100–150 g pro Person sein.

GEKÜHLTE TEIGWAREN

Die beliebten Nudeln aus dem Kühlregal sind gefüllt (Tortelloni, Ravioli) oder ungefüllt (Bandnudeln, Spätzle). Sie müssen nur wenige Minuten im kochenden Salzwasser erhitzt werden. Hier rechnet man pro Portion etwa 250 g.

MUSCHELNUDELN sind klein und im Nu gar. Für eine klare Brühe sollte man sie separat kochen.

ASIATISCHE REISNUDELN brauchen nur wenige Minuten, um weich zu werden. Lecker in Suppen, als Salat.

SCHUPFNUDELN sind wie Klöße auch aus einem Kartoffelteig gemacht. Toll zu Sauerkraut oder Gulasch.

Bandnudeln selbst machen

Ausrollen: Den **Grundteig (s. links)** in 2 Portionen teilen. Dann auf einer leicht bemehlten Arbeitsfläche 1–2 mm dick rechteckig ausrollen.

Den ausgerollten Nudelteig mit **wenig Mehl** bestäuben und von der unteren Kante her locker zu mehrlagigen länglichen Päckchen zusammenfalten.

Mit einem langen Messer die Teigpäckchen in 1–2 cm breite Stücke **zu Nudeln schneiden,** dabei nicht andrücken. Dann ausgebreitet mind. 12 Stunden trocknen.

Nudeln kochen

Nudeln müssen schwimmen! **Pro 100 g Pasta 1 l Wasser** und **1 TL Salz** im großen Topf aufkochen, dabei öfter umrühren.

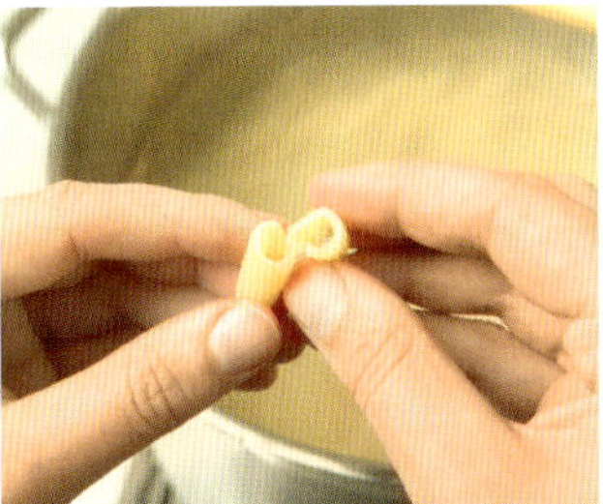

Nudeln **sind gar,** wenn sie beim Durchtrennen im Kern noch weiß aussehen. Dann sind sie „bissfest" („al dente") und sollten abgegossen werden.

Nudeln in ein **großes Sieb** geben und schütteln, damit das Garwasser aus den Hohlräumen herausläuft. Nicht abschrecken! Ausnahme: für Salate.

Am besten im Nudeltopf mit der Soße vermengen. Zum Warmhalten nur mit **etwas Öl** zugedeckt auf der ausgeschalteten Herdplatte stehen lassen.

Spätzle frisch zubereiten (Rezept S. 134)

Zum Teig (Rezept s. links) nach und nach so viel Wasser gießen, bis er zäh vom Löffel fließt. Sie können die Eier vor der Zugabe mit einer Gabel verquirlen.

Die **Spätzlepresse** ergibt längere Nudeln: Teig portionsweise einfüllen und ins kochende Salzwasser pressen. Immer wieder mit einem langen Messer abtrennen.

Mit Spätzlebrett: Teig portionsweise auf das angefeuchtete Brett geben. Mit einem langen Messer portionsweise in **kochendes Salzwasser** schaben.

Test: Schwimmen sie oben, sind die Spätzle gar. Mit einer Schaumkelle herausheben. Dann abschrecken, abtropfen lassen und im Backofen warm stellen.

Spaghetti all'arrabbiata (scharfe Tomatensoße)

ZUTATEN FÜR 4 PERSONEN

- 1 Zwiebel
- 2–3 Knoblauchzehen
- 1–2 rote Chilischoten
- 750 g reife Tomaten
- 2–3 EL Olivenöl
- 1 EL Tomatenmark
- Salz • Pfeffer
- 1 TL Gemüsebrühe
- 400–500 g Spaghetti
- ½ Bund/Töpfchen Basilikum

1 Zwiebel und Knoblauch schälen und fein würfeln. Chilis längs einritzen, entkernen, waschen und fein schneiden. Tomaten waschen und grob würfeln.

2 Öl in einem Topf erhitzen. Knoblauch und Zwiebel darin andünsten. Tomatenmark kurz mit anschwitzen. Tomaten und Chili zufügen, andünsten. Mit Salz und Pfeffer würzen. Knapp ¼ l Wasser angießen und aufkochen. Brühe einrühren. Bei mittlerer Hitze offen ca. 10 Minuten köcheln.

3 Inzwischen Spaghetti in reichlich kochendem Salzwasser 8–10 Minuten bissfest garen. Abtropfen lassen.

4 Basilikum waschen und in Streifen schneiden. Spaghetti mit Tomatensoße mischen. Basilikum unterheben.
Getränk: Rotwein, z. B. Valpolicella.

ZUBEREITUNGSZEIT ca. 40 Min.
PORTION ca. 500 kcal
14 g E • 12 g F • 80 g KH

Extra-Info

Penne all'arrabbiata stammen aus der Gegend um Rom. Die vegetarische Soße erhält ihre besondere Schärfe durch feurig-rote Chilischoten – diese je nach Geschmack vorsichtig dosieren.

Penne in Thunfisch-Tomatensoße

ZUTATEN FÜR 4 PERSONEN

- 1 Knoblauchzehe
- 1 Bund Lauchzwiebeln
- 2 EL Olivenöl
- 2 Packungen (à 370 ml) stückige Tomaten
- 400 g Penne (z. B. Vollkornnudeln)
- Salz • Pfeffer • Zucker
- ½ Bund/Töpfchen Basilikum
- 2 Dosen (à 200 g) Thunfisch naturell

1 Knoblauch schälen, hacken. Lauchzwiebeln putzen, waschen und in feine Ringe schneiden.

2 Öl in einem Topf erhitzen. Knoblauch und Lauchzwiebeln darin andünsten. Stückige Tomaten zufügen, aufkochen und offen ca. 5 Minuten köcheln.

3 Nudeln in reichlich kochendem Salzwasser ca. 10 Minuten bissfest garen. Basilikum waschen und die Blättchen abzupfen.

4 Tomatensoße mit Salz, Pfeffer und 1 Prise Zucker abschmecken. Thunfisch abtropfen lassen, in mundgerechte Stücke zupfen und in die Soße geben. Nudeln abgießen und zurück in den Topf geben. Mit der Thunfisch-Tomatensoße mischen und auf Tellern anrichten. Basilikumblättchen darüberstreuen.
Getränk: Saftschorle.

ZUBEREITUNGSZEIT ca. 30 Min.
PORTION ca. 530 kcal
27 g E • 8 g F • 83 g KH

Pappardelle mit Pesto und Tomaten

ZUTATEN FÜR 4–6 PERSONEN

- 3 Scheiben Weiß- oder Toastbrot
- 2 EL Butter
- 4 EL grünes Pesto (Glas)
- 750 g Schweineschnitzel
- 1 Bund Lauchzwiebeln
- 400 g Kirschtomaten
- 4 EL Olivenöl
- Salz • Pfeffer
- 500 g Pappardelle (oder andere Bandnudeln)
- evtl. Kräuter zum Garnieren

1 Weißbrot im Universalzerkleinerer grob zerkleinern. Brösel in der heißen Butter unter Wenden rösten. 3 EL Pesto unterrühren, abkühlen lassen.

2 Fleisch abtupfen und in Streifen schneiden. Lauchzwiebeln putzen, waschen und in Ringe schneiden. Tomaten waschen.

3 Fleisch in 2 EL heißem Olivenöl portionsweise ca. 5 Minuten anbraten. Würzen und herausnehmen. 2 EL Öl im Bratfett erhitzen. Zwiebeln und Tomaten darin kräftig anbraten. Fleisch 2–3 Minuten mitbraten. 1 EL Pesto darunterrühren.

4 Nudeln in reichlich kochendem Salzwasser ca. 10 Minuten garen und dann ca. ¼ l Nudelwasser abnehmen. Nudeln abtropfen lassen und mit dem Fleisch mischen. Nudelwasser nach Bedarf zugießen. Nochmals abschmecken. Alles anrichten, Pestobrösel darüberstreuen. Mit Kräutern garnieren.
Getränk: Weißwein, z. B. Pinot grigio.

ZUBEREITUNGSZEIT ca. 35 Min.
PORTION ca. 610 kcal
40 g E • 17 g F • 69 g KH

Schinken-Basilikum-Nudeln

ZUTATEN FÜR 4 PERSONEN

- 1 mittelgroße Zwiebel
- 100 g grüne Oliven (entsteint)
- 100 g getrocknete Tomaten in Öl (Glas)
- 200 g gekochter Schinken (Scheiben)
- 75 g Parmesan (Stück)
- 2 EL Öl
- 1 gehäufter EL (15 g) Mehl
- 200 g Schlagsahne
- 1 TL Gemüsebrühe
- Salz • Pfeffer
- 1 Packung (500 g) frische Nudeln (z. B. Fettuccine; Kühlregal)
- 6–8 Stiele Basilikum

1 Zwiebel schälen und würfeln. Oliven grob hacken. Tomaten abtropfen lassen. Tomaten und Schinken in Streifen schneiden. Parmesan reiben.

2 Öl in einer großen Pfanne erhitzen. Schinken darin kurz anbraten. Zwiebel zugeben und mit anbraten. Oliven und Tomaten zufügen und 1–2 Minuten weiterbraten.

3 Alles mit Mehl bestäuben und kurz anschwitzen. ¼ l Wasser und Sahne einrühren, aufkochen. Brühe und ca. ⅔ Parmesan einrühren. Mit Salz und Pfeffer würzen. Soße 3–4 Minuten köcheln.

4 Nudeln in kochendem Salzwasser ca. 2 Minuten garen. Basilikum waschen und, bis auf etwas, in Streifen schneiden.

5 Nudeln abgießen, mit Soße und Basilikumstreifen mischen. Abschmecken und anrichten. Mit Rest Basilikum garnieren. Rest Käse darüberstreuen. **Getränk:** kühle Weißweinschorle.

ZUBEREITUNGSZEIT ca. 35 Min.
PORTION ca. 690 kcal
33 g E • 36 g F • 54 g KH

Extra-Tipp

Wenn Sie keine frischen Nudeln verwenden möchten, können Sie auch getrocknete Bandnudeln nehmen. Sie benötigen davon dann ca. 300 g.

Bandnudeln zu Rahmgeschnetzeltem

ZUTATEN FÜR 4 PERSONEN

- 400 g feine Bandnudeln
- Salz
- 400 g Rindersteak (z. B. Huftsteak)
- 1–2 EL Öl
- 1 EL Mehl
- 1 TL getrockneter Thymian
- 100 ml trockener Weißwein
- 1 TL klare Brühe
- 100 g Mascarpone
- 1–2 TL eingelegter grüner Pfeffer (Glas)

1 Nudeln in reichlich Salzwasser ca. 10 Minuten bissfest garen. Steak in Streifen schneiden. Öl in einer Pfanne erhitzen. Die Steakstreifen darin kräftig anbraten und herausnehmen.

2 Mehl ins heiße Bratfett streuen und anschwitzen. Thymian zufügen. Mit 350 ml Wasser und Wein ablöschen, aufkochen und Brühe einrühren. Die Soße 6–8 Minuten köcheln.

3 Erst Mascarpone und dann den grünen Pfeffer (ohne Sud) in die Soße geben und glatt verrühren.

4 Steakstreifen darin erhitzen. Mit Salz und evtl. etwas Pfeffersud abschmecken. Nudeln sehr gut abtropfen lassen und mit der Pfefferrahmsoße anrichten.
Getränk: kräftiger Weißwein, z. B. Grauburgunder.

ZUBEREITUNGSZEIT ca. 25 Min.
PORTION ca. 630 kcal
35 g E · 18 g F · 74 g KH

Spaghetti alla carbonara (mit Speck und Ei)

ZUTATEN FÜR 4 PERSONEN

- 400 g Spaghetti
- Salz
- 150 g geräucherter durchwachsener Speck
- 1 Knoblauchzehe
- 1–2 EL Olivenöl
- 100 g Pecorino romano (ersatzweise Parmesan; Stück)
- 4 frische Eier
- Pfeffer

1 Spaghetti in reichlich kochendem Salzwasser 8–10 Minuten bissfest garen. Speck in feine Würfel schneiden. Knoblauch schälen und längs halbieren. Beides in einer Pfanne im heißen Öl knusprig braten. Knoblauch entfernen.

2 Käse reiben. Eier, Salz und Pfeffer in einer großen Schüssel verquirlen. Speck und ⅔ Käse unterrühren.

3 Spaghetti abgießen, abtropfen lassen und sofort zur Eimischung geben. Alles gut vermengen und sofort anrichten. Mit Pfeffer und Rest Käse bestreuen. **Getränk:** kühler Weißwein, z. B. Frascati superiore.

ZUBEREITUNGSZEIT ca. 30 Min.
PORTION ca. 820 kcal
32 g E · 42 g F · 73 g KH

Spätzleauflauf mit Hacksoße und Röstzwiebeln

ZUTATEN FÜR 3–4 PERSONEN

- 1 EL Öl
- 400 g Rinderhack
- 1 mittelgroße Zwiebel
- 3–4 EL Schinkenwürfel
- 1 TL getrockneter Majoran
- Salz • Pfeffer
- 1 TL Gemüsebrühe
- 600 g frische Spätzle (Kühlregal)
- 30 g Parmesan (Stück)
- 100 g Schlagsahne
- 2 EL fertige Röstzwiebeln

1 Öl in einer beschichteten Pfanne erhitzen. Hack darin unter Wenden krümelig anbraten.

2 Zwiebel schälen und fein würfeln. Mit Schinkenwürfeln und Majoran zum Hack geben und kurz mitbraten. Mit Salz und Pfeffer kräftig würzen.

3 ¼ l Wasser angießen. Brühe einrühren, aufkochen und alles offen kurz einköcheln. Spätzle und Soße in eine Auflaufform schichten.

4 Parmesan darüberreiben und die Sahne darübergießen. Zuletzt Röstzwiebeln daraufstreuen. Im vorgeheizten Backofen (E-Herd: 225 °C/Umluft: 200 °C/Gas: Stufe 4) ca. 15 Minuten goldgelb überbacken.

Getränk: Bier, z. B. Pils.

ZUBEREITUNGSZEIT ca. 40 Min.
PORTION ca. 580 kcal
34 g E • 24 g F • 53 g KH

Extra-Tipp

So geht's mit selbst gemachten Spätzle: Bereiten Sie die Hacksoße vor. Spätzle dann nach dem Grundrezept von S. 124 zubereiten und nach und nach mit der Soße einschichten, dabei im Ofen warm halten. Zum Schluss alles wie im Rezept links ca. 15 Minuten gratinieren.

Tortellinisalat mit Antipasti

ZUTATEN FÜR 8 PERSONEN

- 500 g getrocknete Tortellini
- Salz • Pfeffer
- 500 g Zucchini
- 500 g kleine Champignons
- 250 g Kirschtomaten
- 2 Zwiebeln
- 1 Knoblauchzehe
- 3–4 EL Pinienkerne
- 6 EL Olivenöl
- 2–3 TL getrocknete italienische Kräuter
- 1 TL Brühe
- ⅛ l weißer Balsamico-Essig
- 2–3 EL Zucker (z. B. brauner)
- 150 g getrocknete Tomaten in Öl (Glas)
- 250 g Mozzarella
- 1 Bund/Töpfchen Basilikum

1 Tortellini in kochendem Salzwasser 18–20 Minuten garen. Dann abtropfen und auskühlen lassen.

2 Zucchini und Pilze putzen, waschen und klein schneiden. Tomaten waschen. Zwiebeln und Knoblauch schälen. Zwiebeln in Spalten schneiden, Knoblauch durchpressen. Pinienkerne ohne Fett rösten, herausnehmen.

3 Pilze und Zucchini in je 2 EL heißem Öl kräftig anbraten, herausnehmen. Kirschtomaten im heißen Bratfett kurz schmoren. Alles mischen, mit Salz und Pfeffer würzen.

4 Zwiebeln, Knoblauch und Kräuter in 1 EL heißem Öl andünsten. ¼ l Wasser und Brühe zufügen, aufkochen. Mit Essig und Zucker würzen.

5 Getrocknete Tomaten abtropfen lassen, Öl dabei auffangen. Tomaten kleiner schneiden. Mit 3–4 EL Tomatenöl und 3 EL Öl in die heiße Marinade rühren. Mit Tortellini und Gemüse mischen. Mind. 1 Stunde ziehen lassen. Mozzarella würfeln. Basilikum waschen und abzupfen. Beides mit den Pinienkernen unter den Tortellinisalat heben.

Getränk: Rotwein, z. B. Chianti.

ZUBEREITUNGSZEIT ca. 1 ¼ Std.
MARINIERZEIT mind. 1 Std.
PORTION ca. 510 kcal
19 g E • 27 g F • 45 g KH

Butterspätzle zu Zwiebelrostbraten

ZUTATEN FÜR 4 PERSONEN

- 300 g + 3 EL Mehl
- 4 Eier (Gr. M)
- Salz • Muskat • Pfeffer
- 6–8 EL Mineralwasser mit Kohlensäure
- 5 Zwiebeln
- 3 mittelgroße Möhren
- 4 Huftsteaks (ca. 800 g)
- 4–5 EL Öl • 1 EL Tomatenmark
- 1 TL klare Brühe
- 1 Bund Petersilie
- 2 EL Butter

1 300 g Mehl, Eier, 1 TL Salz, 1 Prise Muskat und Mineralwasser zum dickflüssigen Teig verrühren. Mit einem Kochlöffel schlagen, bis er Blasen wirft. Teig zugedeckt ca. 1 ½ Stunden ruhen lassen.

2 2 Zwiebeln schälen. Möhren schälen, waschen. Beides fein würfeln. Steaks trocken tupfen, mit Salz und Pfeffer würzen. In 2 EL Mehl wenden, abklopfen. In 2–3 EL heißem Öl im Bräter von jeder Seite kräftig anbraten, herausnehmen. Möhren und Zwiebelwürfel im Bratfett anbraten. Tomatenmark mit anschwitzen. Gut ½ l Wasser und Brühe zufügen. Mit Salz und Pfeffer würzen. Fleisch darauflegen. Aufkochen, zugedeckt im vorgeheizten Ofen (E-Herd: 175 °C/Umluft: 150 °C/ Gas: Stufe 2) ca. 1 ¾ Stunden schmoren.

3 Petersilie waschen und fein hacken. 3 Zwiebeln schälen und in feine Ringe schneiden oder hobeln.

4 Reichlich Salzwasser aufkochen und ⅓ Spätzleteig durch eine Spätzlepresse direkt hineindrücken. Dabei zwischendurch mit einem Messer abschneiden (mit Spätzlebrett; s. S. 125). Aufkochen und garen, bis die Spätzle oben schwimmen. Herausheben, abschrecken und abtropfen lassen. Warm stellen. Rest Teig ebenso verarbeiten.

5 Zwiebelringe mit 1 EL Mehl bestäuben. In 2 EL heißem Öl goldbraun braten. Butter in einem Topf erhitzen, Spätzle darin schwenken, mit der Petersilie bestreuen. Fleisch aus dem Ofen nehmen, abschmecken. Alles anrichten, Fleisch mit Zwiebeln bedecken.
Getränk: Rotwein, z. B. Lemberger.

ZUBEREITUNGSZEIT ca. 2 ¼ Std.
RUHEZEIT ca. 1 ½ Std.
PORTION ca. 780 kcal
61 g E • 26 g F • 70 g KH

Spaghettiauflauf mit Speck-Tomatensoße

ZUTATEN FÜR 4 PERSONEN

- 3 mittelgroße Zwiebeln
- 150–200 g geräucherter durchwachsener Speck
- 1–2 EL Tomatenmark
- je 1 TL getrockneter Thymian und Oregano
- je ½ TL Edelsüß-Paprika und Cayennepfeffer
- 1 Dose (850 ml) Tomaten
- Salz • Pfeffer • Zucker
- 400 g Spaghetti
- 50 g Parmesan (Stück)
- 125 g Mozzarella
- Fett für die Form

1 Zwiebeln schälen und fein würfeln. Speck ebenfalls würfeln. Speck in einer tiefen Pfanne ohne zusätzliches Fett knusprig braten, 1 EL herausnehmen. Zwiebeln zufügen und glasig dünsten. Tomatenmark, Kräuter, Edelsüß-Paprika und Cayennepfeffer kurz mit anschwitzen.

2 Mit Tomaten samt Saft ablöschen, Tomaten etwas zerkleinern. Mit Salz, Pfeffer und etwas Zucker würzen. Aufkochen und 8–10 Minuten köcheln, nochmals abschmecken.

3 Nudeln in reichlich kochendem Salzwasser 8–10 Minuten bissfest garen. Parmesan fein reiben. Mozzarella in Scheiben schneiden.

4 Nudeln abgießen und mit der Speck-Tomatensoße mischen. Nach Belieben als Nester in eine große gefettete Auflaufform oder in vier kleine Förmchen füllen. Mozzarella und Parmesan darauf verteilen. Im vorgeheizten Backofen (E-Herd: 200 °C/Umluft: 175 °C/Gas: Stufe 3) 20–25 Minuten goldbraun überbacken. Mit übrigem Speck bestreuen.
Getränk: kühler Weißwein, z. B. Pinot grigio.

ZUBEREITUNGSZEIT ca. 1 Std.
PORTION ca. 780 kcal
29 g E • 35 g F • 81 g KH

Extra-Info

Dieser italienische Klassiker heißt im Original „all'amatriciana".

Bratnudel-Gemüse-Pfanne

ZUTATEN FÜR 4–6 PERSONEN

- 500 g kurze Nudeln (z.B. Casarecce)
- Salz
- 1 Paprikaschote (z.B. gelb)
- 1 Stange Porree (ca. 200 g; Lauch)
- 2–3 Möhren (ca. 300 g)
- 300 g Austernpilze
- 6 EL Öl
- 100 g Erdnusskerne
- einige Stiele Koriander
- 1 walnussgroßes Stück frischer Ingwer
- 6 EL Sojasoße
- 8–10 EL süßsaure Asiasoße (Flasche)

1 Nudeln in kochendem Salzwasser ca. 10 Minuten garen. Abtropfen lassen.

2 Paprika, Porree und Möhren putzen bzw. schälen, waschen und in feine Streifen schneiden. Pilze putzen, evtl. waschen und kleiner schneiden.

3 1 EL Öl im Wok oder in einer Pfanne erhitzen. Nüsse darin anrösten, herausnehmen. 1 EL Öl im Bratfett erhitzen. Möhren darin ca. 5 Minuten braten. Paprika, Porree und Pilze zufügen und ca. 3 Minuten weiterbraten.

4 Koriander waschen und etwas zum Garnieren beiseite legen. Den Rest hacken. Ingwer schälen und fein hacken. Beides mit den Erdnüssen unter das Gemüse heben. Mit Sojasoße und Asiasoße würzig abschmecken.

5 Nudeln portionsweise in einer großen Pfanne in 4 EL heißem Öl kurz anbraten. Mit dem Gemüse mischen. Mit Rest Koriander garnieren.
Getränk: Bier, z.B. Pils.

ZUBEREITUNGSZEIT ca. 40 Min.
PORTION ca. 550 kcal
18 g E · 20 g F · 71 g KH

Köstliches mit Reis

Es gibt ihn in vielen Formen und Farben, und die ganze Welt macht daraus herrliche Gerichte. Wir zeigen Ihnen die besten

PARBOILEDREIS ist nährstoffreich und hat eine kurze Garzeit, da er vorgegart (= parboiled, engl.) ist.

KOCHBEUTELREIS ist praktisch, da der Reis schon portioniert ist und nicht am Topfboden anbrennt.

LANGKORNREIS ist der bekannteste Reistyp und auch super in Reissalaten. Klebt nicht und ist körnig.

RUNDKORNREIS, wie z. B. Milchreis, Risotto- und Paellareis, erhält beim Kochen eine cremige Konsistenz.

Die Form macht's

Reis wird seiner Form nach in zwei Typen unterteilt. Der bei uns bekannteste ist der schlanke, längliche **Langkornreis,** wie z. B. **Basmati-, Spitzenlangkorn-** oder **Jasminreis**. Besonders geeignet ist er für Gerichte, in denen der Reis körnig und eher trocken bleiben soll, etwa bei kalten Reissalaten oder in einer Reispfanne.

Nummer zwei der Reistypen ist der **Rundkornreis**. Mit seinen ovalen Körnern wird er häufig für Sushi oder Paella verwendet. Er gibt beim Kochen viel Stärke ab, was für seine weiche, sämige Konsistenz verantwortlich ist. Am bekanntesten sind hier der **Risotto-** und der **Milchreis**.

Sortenfrage

Je nachdem, wie der Reis nach seiner Ernte weiterverarbeitet und behandelt wird, ist er als Natur-, als weißer oder als Parboiledreis erhältlich.

Naturreis gilt als die nährstoffreichste Sorte, da er zwar von der Spelze befreit, aber nicht poliert wird. Sein Silberhäutchen und der Keimling bleiben erhalten, was auch für seine hellbraune Farbe verantwortlich ist. In diesen Bestandteilen stecken viele wichtige Vitamine, Mineralstoffe und Ballaststoffe. Er hat einen leicht nussigen Geschmack und eine körnige, bissfeste Konsistenz.

Weißer Reis wird nach der Ernte geschält und poliert, wobei seine Schalen entfernt werden. Durch das Abtrennen der fetthaltigen, schneller ranzig werdenden Bestandteile wie dem Keimling ist er zwar länger haltbar, jedoch werden ihm mit seiner Hülle auch viele wichtige Nährstoffe entzogen.

Parboiledreis wird zwar wie weißer Reis geschält und poliert, ihm werden jedoch vorher durch ein spezielles Veredelungsverfahren die meisten wertvollen Inhaltsstoffe aus der Hülle in das Innere des Kornes gepresst und bleiben so größtenteils erhalten.

Der Exotische

Wildreis ist streng genommen gar kein Reis, sondern der Samen eines Wassergrases. Seine Körner haben eine längliche, spitze Form und sind fast schwarz. Seine Konsistenz ist vergleichsweise fest und sein Geschmack leicht nussig. Einzeln ist er sehr teuer und wird daher meistens als **Mischung** mit anderen Reissorten (häufig Langkornreis) angeboten.

Lagerung

Ungekochter Reis lässt sich ideal lagern und hält sich kühl und trocken aufbewahrt mehrere Jahre.

Gekochter Reis kann drei bis vier Tage luftdicht verpackt in einer Gefrierdose im Kühlschrank gelagert werden. Eingefroren hält er sich bis zu sechs Monate.

Praktische Tipps zum Reiskochen

GARZEITEN

Sie sind bei den verschiedenen Sorten sehr unterschiedlich. **Naturreis** hat eine Garzeit von 40–45 Minuten, **weißer** und **Parboiledreis** sind sehr viel schneller gar, sie brauchen nur ca. 15 Minuten. Im Handel ist häufig auch vorgegarter Reis als **Blitz-** oder **Expressreis** erhältlich, der nur wenige Minuten erhitzt werden muss.

PORTIONSMENGEN

Um Mengen richtig zu planen, sollte man bei **Suppen** pro Portion ca. 30 g Rohreis rechnen. Wenn der Reis **als Beilage** zum Essen dient, kann man von 60 g pro Portion ausgehen, und wenn er die **Hauptkomponente** des Essens darstellt, braucht man ca. 120 g Rohreis pro Portion.

NATURREIS ist die Nährstoffbombe unter den Reissorten. In ihm stecken u. a. viele wichtige Vitamine.

WEISSER REIS ist mild und hat einen geringen Eigengeschmack, was ihn sehr vielseitig macht.

WILDREISMISCHUNGEN sehen besonders dekorativ aus und passen super z. B. zu gebratenem Lachs.

WILDREIS ist eigentlich kein Reis, wird aber wie sein heller Verwandter verwendet. Pur eher selten.

Wasserreismethode

1–1,5 l Wasser mit **1 TL Salz** in einem Topf zum Kochen bringen. **150 g Reis** hinzufügen und umrühren.

Wasser mit Reis aufkochen und Hitze herunterschalten. Reis zugedeckt entsprechend der Garzeit (s. Packung) sprudelnd kochen.

Reis mit einem Sieb abgießen und gut abtropfen lassen. Für Reissalat kurz unter fließendem Wasser abspülen und auskühlen lassen.

Quellreismethode

Bei dieser Methode kommen auf **1 Tasse Reis 2 Tassen Wasser**. Der Reis nimmt das Wasser dann vollständig auf.

Den Reis in einen hohen Topf geben. Das Wasser dazuschütten und mit **etwas Salz** mischen.

Nun alles zugedeckt aufkochen. Herd auf kleinste Stufe schalten und Reis ca. 20 Minuten (s. Packungsanweisung) ausquellen lassen.

Risotto kochen (Rezept S. 146)

Zwiebeln und andere Zutaten wie Pilze im heißen Fett andünsten. Risottoreis zugeben und kurz mit anschwitzen, bis er glasig ist.

Dann nach und nach heiße Brühe angießen und umrühren. Jeweils wiederholen, wenn der Reis die Flüssigkeit aufgesogen hat.

Ist der Reis fast gar, kommen die Geschmackszutaten wie frische Kräuter hinzu. Zum Schluss geriebenen Parmesan unterheben.

Bratreis mit Hähnchen und Ananas

ZUTATEN FÜR 4 PERSONEN

- 400 g Hähnchenfilet
- 1 walnussgroßes Stück Ingwer
- Saft von 1 Limette
- 2–4 EL Sojasoße
- 200 g Basmatireis
- Salz
- 1 Stange Zitronengras
- 1 kleine rote Chilischote
- 1 Knoblauchzehe
- 5 EL Öl (davon 3 EL dunkles Sesamöl)
- 1 kleine reife Ananas
- ½ Bund/Töpfchen Koriander
- 3 Stiele Minze
- 8 EL Macadamianusskerne
- evtl. Fischsoße zum Abschmecken

1 Fleisch waschen, trocken tupfen und in Streifen schneiden. Ingwer schälen und fein reiben oder durch die Knoblauchpresse drücken. Mit Limettensaft und 2 EL Sojasoße mischen. Fleisch darin zugedeckt mind. 1 Stunde kalt stellen.

2 Reis in gut 400 ml kochendem Salzwasser bei schwacher Hitze zugedeckt 15–18 Minuten ausquellen lassen.

3 Vom Zitronengras die holzigen Außenblätter entfernen. Zitronengras fein hacken. Chili putzen, entkernen und waschen. Hälfte in Streifen schneiden, Rest fein hacken. Knoblauch schälen und hacken. Alles mit Sesamöl mischen. Ananas schälen, 4 dünne Scheiben abschneiden und zum Garnieren beiseite legen. Restliche Ananas längs vierteln und den Strunk herausschneiden. Ananas in Stücke schneiden. Kräuter waschen, trocken schütteln und hacken.

4 Fleisch aus der Marinade nehmen und trocken tupfen. Nüsse in einer Pfanne ohne Fett goldbraun rösten, herausnehmen. 2 EL Öl in der Pfanne erhitzen. Beiseite gelegte Ananasscheiben darin von beiden Seiten braten, herausnehmen.

5 Fleisch im heißen Bratfett ca. 4 Minuten anbraten, herausnehmen. Reis im heißen Bratfett anbraten. Ananasstücke 2–3 Minuten mitbraten. Marinade, Kräuter und Fleisch zufügen und alles mit Soja- und Fischsoße abschmecken. Mit Nüssen und Ananasscheiben garnieren.
Getränk: Bier, z. B. ein Radler.

ZUBEREITUNGSZEIT ca. 50 Min.
MARINIERZEIT mind. 1 Std.
PORTION ca. 600 kcal
28 g E · 25 g F · 62 g KH

Reisbratlinge mit Radieschenquark

ZUTATEN FÜR 4 PERSONEN

- 1 Zwiebel
- 4 EL Öl
- 200 g Reis
- 2 gestrichene TL Gemüsebrühe
- 3–4 Möhren (300 g)
- 100 g Gouda (Stück)
- 1 Bund Radieschen
- ½ Bund Schnittlauch
- ½ Beet Kresse
- 500 g Speisequark (20 % Fett)
- 2–3 EL Schmand
- Salz • Pfeffer
- 3–4 EL Paniermehl
- 2 Eier
- ca. 50 g Rucola (Rauke)

1 Zwiebel schälen und fein würfeln. In 1 EL heißem Öl andünsten. Reis zufügen, kurz mit andünsten. 400 ml Wasser angießen, aufkochen und Brühe einrühren. Zugedeckt bei schwacher Hitze ca. 20 Minuten quellen lassen.

2 Möhren schälen, waschen und grob raspeln. Käse reiben. Radieschen putzen, waschen und 2 zum Garnieren beiseite legen. Rest fein würfeln. Kräuter waschen. Schnittlauch fein schneiden, Kresse vom Beet schneiden.

3 Für den Dip Quark und Schmand glatt verrühren. Radieschen und Kräuter unterrühren. Mit Salz und Pfeffer abschmecken.

4 Reis in eine Schüssel geben, etwas abkühlen lassen. Käse, Möhren, Paniermehl und Eier darunterkneten. Würzen. Daraus mit angefeuchteten Händen 8–12 Bratlinge formen. 3 EL Öl in einer Pfanne erhitzen. Bratlinge darin von jeder Seite 3–4 Minuten braten. Rucola putzen, waschen und auf Teller verteilen. Bratlinge darauf anrichten. Quark dazureichen. Mit Radieschen garnieren. **Getränk:** Saftschorle.

ZUBEREITUNGSZEIT ca. 1 Std.
PORTION ca. 590 kcal
35 g E • 26 g F • 50 g KH

Zander in Weißweinbutter

ZUTATEN FÜR 4 PERSONEN

- 125–150 g kalte Butter
- 2 Schalotten oder kleine Zwiebeln
- 1 Knoblauchzehe
- 750 g Zanderfilet (mit Haut)
- 1–2 EL Zitronensaft
- 3 EL Öl
- 450 g TK-Blattspinat
- 200 g Wildreismischung
- Salz • Pfeffer • Muskat
- 2 EL Mehl
- 4–6 Stiele Thymian
- 150 g Kirschtomaten
- 100 ml trockener Weißwein
- 2 EL Weißweinessig
- Bio-Zitrone zum Garnieren

1 Butter würfeln und wieder kalt stellen. Schalotten und Knoblauch schälen, fein würfeln. Fisch waschen, trocken tupfen und in 4 Stücke schneiden. Haut mit einem scharfen Messer 2 x einschneiden. Fisch mit Zitronensaft beträufeln.

2 1 EL Öl im Topf erhitzen. Knoblauch und Hälfte Schalotten darin andünsten. Den unaufgetauten Spinat und ca. 100 ml Wasser zufügen. Zugedeckt bei schwacher Hitze ca. 15 Minuten dünsten.

3 Wildreismischung in reichlich kochendem Salzwasser ca. 20 Minuten (s. Packungsanweisung) garen.

4 Fisch mit Salz und Pfeffer würzen, im Mehl wenden und überschüssiges Mehl abklopfen. In 2 EL heißem Öl in einer großen beschichteten Pfanne pro Seite 3–4 Minuten braten. Thymian und Tomaten waschen, kurz mitbraten.

5 Rest Schalotten, Wein, Essig, etwas Salz und Pfeffer aufkochen. Ca. 2 Minuten einkochen, bis nur noch der Topfboden bedeckt ist. Butter bei schwacher Hitze nach und nach unterrühren (nicht kochen und den Topf öfter vom Herd ziehen). Soße mit Salz und Pfeffer abschmecken. Spinat mit Salz, Pfeffer und Muskat abschmecken. Alles anrichten und mit Zitrone garnieren. Reis abtropfen lassen und dazureichen.
Getränk: Weißwein, z. B. Riesling.

ZUBEREITUNGSZEIT ca. 45 Min.
PORTION ca. 730 kcal
46 g E • 36 g F • 46 g KH

Orientalischer Würzreis

ZUTATEN FÜR 4 PERSONEN

- 400 g Möhren
- 1 mittelgroße Zwiebel
- 1 Knoblauchzehe
- 1–2 Kardamomkapseln
- 1–2 Gewürznelken
- ½ TL Koriandersamen
- 500 g Blattspinat
- 100 g getrocknete Aprikosen
- 75–100 g Studentenfutter
- 2 EL Öl
- 1 Sternanis
- 250 g Reis (z. B. Basmati)
- 2 TL Gemüsebrühe
- Salz • Pfeffer • evtl. Zimt

1 Möhren schälen, waschen und in Stifte schneiden. Zwiebel und Knoblauch schälen, fein würfeln. Die Samen aus den Kardamomkapseln, Nelken und Koriandersamen im Mörser fein zerstoßen.

2 Spinat putzen und waschen. Aprikosen waschen, trocken tupfen und klein schneiden. Studentenfutter grob hacken. Mit Aprikosen in 1 EL heißem Öl im großen Topf kurz anrösten, herausnehmen.

3 1 EL Öl im Topf erhitzen. Möhren, Zwiebel und Knoblauch darin andünsten. Zerstoßene Gewürze und Sternanis kurz mit anschwitzen. Reis zufügen, andünsten. ¾ l Wasser und Brühe einrühren. Aufkochen und zugedeckt bei schwacher Hitze ca. 15 Minuten garen.

4 Spinat, Aprikosen und Studentenfutter unter den Reis heben. Zugedeckt ca. 5 Minuten weitergaren. Mit Salz, Pfeffer und Zimt abschmecken, anrichten. Dazu passt Sahnejoghurt.
Getränk: Bier, z. B. Radler.

ZUBEREITUNGSZEIT ca. 1 Std.
PORTION ca. 470 kcal
12 g E · 12 g F · 75 g KH

Thailändischer Bratreis mit Garnelen

ZUTATEN FÜR 4 PERSONEN

- 250 g Reis (z. B. Jasminreis)
- Salz • Pfeffer
- 250 g rohe geschälte Garnelen (frisch oder TK)
- 400 g Fischfilet (z. B. Seelachs oder Pangasius)
- 4 Knoblauchzehen
- 1 Bund Lauchzwiebeln
- 2 Tomaten
- 1 Salatgurke
- evtl. 4–5 Stiele Koriander
- 2–3 EL Öl
- 3 EL Fisch- oder Sojasoße
- 6 EL süßscharfe Chilisoße

1 Reis in ca. ½ l kochendes Salzwasser geben, zugedeckt bei schwacher Hitze ca. 20 Minuten ausquellen, dann abkühlen lassen.

2 TK-Garnelen auftauen. Garnelen am Rücken einschneiden, evtl. den dunklen Darm entfernen. Fisch und Garnelen abspülen, trocken tupfen. Fisch in mundgerechte Stücke schneiden.

3 Knoblauch schälen und fein hacken. Lauchzwiebeln putzen, waschen und in Stücke schneiden. Tomaten waschen und in Spalten schneiden. Gurke putzen, schälen, halbieren und in mundgerechte Stücke schneiden. Koriander waschen, Blättchen abzupfen.

4 Öl in einem Wok oder in einer großen Pfanne erhitzen. Garnelen und Fischstücke darin unter Wenden 2–3 Minuten braten. Mit Salz und Pfeffer würzen, herausnehmen.

5 Lauchzwiebeln, Knoblauch und Reis im Wok unter Wenden ca. 2 Minuten braten. Tomaten zugeben, 2–3 Minuten weiterbraten. Fisch- und Chilisoße unterrühren. Fisch, Garnelen und Gurken zufügen, erhitzen. Koriander unterheben, alles nochmals abschmecken.
Getränk: Weißwein, z. B. Chardonnay.

ZUBEREITUNGSZEIT ca. 40 Min.
EVTL. AUFTAUZEIT ca. 1 Std.
PORTION ca. 500 kcal
36 g E • 10 g F • 63 g KH

Extra-Info

Salzige Soßen: **Sojasoße** ersetzt in Thailand den Salzstreuer. Die äußerst beliebte **Fischsoße** wird zwar aus Sardellen hergestellt, schmeckt aber kaum fischig, sondern auch überwiegend salzig.

Lammpilaw mit Tomaten

ZUTATEN FÜR 4 PERSONEN

- 600 g Lammschulter (ohne Knochen)
- 2 mittelgroße Zwiebeln
- 2 Knoblauchzehen
- ½–1 rote Chilischote
- 2 EL Olivenöl
- Salz • Pfeffer
- 1 TL + etwas gemahlener Zimt
- 2 EL Tomatenmark
- 1 TL klare Brühe
- 2 EL Rosinen
- 1 Stange Porree (Lauch)
- 3 mittelgroße Möhren
- 2 EL Mandelkerne (ohne Haut)
- 300 g Langkornreis
- 100 g Kirschtomaten
- 150 g Sahnejoghurt

1 Fleisch waschen, trocken tupfen und in Würfel schneiden. Zwiebeln und Knoblauch schälen und würfeln. Chilischote längs einritzen, entkernen, waschen und fein hacken.

2 Öl in einem Schmortopf erhitzen. Fleisch darin portionsweise kräftig anbraten. Zwiebeln und Knoblauch kurz mitbraten. Gesamtes Fleisch in den Topf geben und mit Chili, Salz, Pfeffer und 1 TL Zimt würzen. Tomatenmark einrühren und kurz anschwitzen. Brühe und ¾ l Wasser zufügen. Alles aufkochen, zugedeckt ca. 1 ¼ Stunden schmoren.

3 Rosinen waschen und abtropfen lassen. Porree und Möhren putzen bzw. schälen und waschen. Porree in Ringe, Möhren in Scheiben schneiden. Mandeln grob hacken. Reis, Porree, Möhren, Mandeln und Rosinen zum Fleisch geben, aufkochen und zugedeckt ca. 20 Minuten weiterschmoren. Dabei öfter umrühren.

4 Tomaten waschen, zufügen und offen ca. 10 Minuten zu Ende schmoren. Pilaw mit Salz und Pfeffer abschmecken und auf einer Platte anrichten. Joghurt daraufsetzen und mit Zimt bestäuben.
Getränk: roter Landwein.

ZUBEREITUNGSZEIT ca. 2 Std.
PORTION ca. 620 kcal
23 g E · 35 g F · 48 g KH

Zitronenrisotto zu Lachsfilet

ZUTATEN FÜR 4 PERSONEN

- **600 g Lachsfilet (frisch oder TK)**
- **1 Zwiebel**
- **1–2 Knoblauchzehen**
- **2 Bio-Zitronen**
- **3 EL Butter**
- **250 g Risottoreis**
- **⅛ l trockener Weißwein**
- **2 TL Gemüsebrühe**
- **50 g Parmesan (Stück)**
- **1 Bund/Töpfchen Basilikum**
- **Salz • Pfeffer**

1 Evtl. Lachs auftauen lassen. Zwiebel und Knoblauch schälen, fein würfeln. 1 Zitrone heiß waschen, abtrocknen und die Schale fein abreiben.

2 2 EL Butter erhitzen. Zwiebel und Knoblauch darin andünsten. Reis zufügen und glasig dünsten. Wein und Zitronenschale zugeben. ¾ l Wasser mit Brühe aufkochen. Nach und nach zum Reis gießen, dabei immer erst nachgießen, wenn der Reis die Flüssigkeit aufgenommen hat. Bei schwacher Hitze insgesamt ca. 25 Minuten köcheln, dabei ab und zu umrühren.

3 Käse reiben. Beide Zitronen so schälen, dass die weiße Haut mit entfernt wird. Filets mit einem scharfen Messer zwischen den Trennhäuten herauslösen. Trennhäute ausdrücken, Saft auffangen. Basilikum waschen, etwas zum Garnieren beiseite legen. Rest fein schneiden.

4 Lachsfilet waschen, trocken tupfen und in große Würfel schneiden. In 1 EL heißer Butter rundum 4–5 Minuten braten. Käse, Zitronenfilets und Basilikum unter den Risotto heben. Mit Salz, Pfeffer und Zitronensaft abschmecken. Alles anrichten, garnieren.
Getränk: Weißweinschorle.

ZUBEREITUNGSZEIT ca. 50 Min.
EVTL. AUFTAUZEIT ca. 3 Std.
PORTION ca. 690 kcal
40 g E • 31 g F • 52 g KH

Paella mit Artischocken und Kaninchen

ZUTATEN FÜR 4–6 PERSONEN

- 1 küchenfertiges Kaninchen (ca. 1 kg) oder 4 Kaninchenkeulen (ca. 900 g)
- 1 Zwiebel
- 3 Knoblauchzehen
- 50 g geräucherter durchwachsener Speck
- 50 g Manchegokäse
- 4–5 TL klare Brühe
- 3–4 EL Olivenöl • Salz • Pfeffer
- 400 g Paella- oder Risottoreis
- je ½ TL getrockneter Thymian und Oregano
- 1 Döschen gemahlener Safran
- 1 kleine Zimtstange
- 1 Dose (425 ml) Artischockenherzen
- 2 Eier

1 Kaninchen waschen, trocken tupfen und mit der Geflügelschere in Stücke schneiden. Zwiebel und Knoblauch schälen und fein würfeln. Speck ebenfalls in kleine Würfel schneiden. Käse reiben. Brühe in 1 ¼ l heißem Wasser auflösen.

2 Öl in einer großen ofenfesten Pfanne oder einem flachen Bräter erhitzen. Fleisch darin rundherum ca. 10 Minuten anbraten. Mit Salz und Pfeffer würzen und herausnehmen.

3 Speck im heißen Bratfett knusprig braten. Zwiebel und Knoblauch zufügen und kurz andünsten. Reis, Thymian, Oregano, Safran, Pfeffer und etwas Salz zufügen und alles gut vermischen. Zimt, Artischocken und Brühe zufügen und alles aufkochen. Fleisch darauflegen und alles zugedeckt bei schwacher Hitze ca. 30 Minuten leicht köcheln lassen. Den Reis zwischendurch einmal vorsichtig vom Pfannenboden lösen.

4 Eier, Pfeffer und etwas Salz verquirlen. Käse über den Reis streuen und die Eimasse darübergießen. Die Paella im vorgeheizten Backofen (E-Herd: 175 °C/Umluft: 150 °C/Gas: Stufe 2) offen 10–15 Minuten stocken lassen.
Getränk: spanischer Rotwein, z. B. Rioja.

ZUBEREITUNGSZEIT ca. 1 ¼ Std.
PORTION ca. 620 kcal
38 g E • 24 g F • 62 g KH

Hähnchenspieße mit Aprikosenreis

ZUTATEN FÜR 4 PERSONEN

- 1 Bund Möhren (ca. 500 g)
- 1 Bund Lauchzwiebeln
- 150 g getrocknete Aprikosen (z. B. Softaprikosen)
- 3 EL Öl
- 200 g Langkornreis
- Salz • Pfeffer
- 600 g Hähnchenfilet
- 1–2 TL Sambal Oelek
- 100 g Aprikosenkonfitüre
- 2 EL Butter
- 4 Holzspieße

1 Möhren schälen, waschen und klein schneiden. Lauchzwiebeln putzen, waschen und ebenfalls in feine Streifen schneiden. Aprikosen klein würfeln.

2 1 EL Öl in einem Topf erhitzen. Möhren andünsten, Reis zufügen und kurz mitdünsten. Gut 400 ml Wasser und etwas Salz zugeben, alles aufkochen. Zugedeckt bei schwacher Hitze ca. 20 Minuten quellen lassen. Ca. 5 Minuten vor Ende der Garzeit Lauchzwiebeln und die Aprikosen unterrühren und fertig garen.

3 Fleisch waschen, trocken tupfen und in große Würfel schneiden. Hähnchenwürfel auf 4 Spieße stecken. Mit Salz und Pfeffer würzen. 2 EL Öl in einer Pfanne erhitzen. Spieße darin rundherum ca. 8 Minuten goldbraun braten.

4 Sambal Oelek und Aprikosenkonfitüre verrühren und die Spieße in der Pfanne rundherum damit einstreichen. Bei schwacher Hitze ca. 1 Minute zu Ende braten. Spieße herausnehmen. Butter im heißen Bratfett zerlassen. Inzwischen die Hähnchenspieße mit dem Reis anrichten. Zuletzt Spieße und Reis mit der flüssigen Butter beträufeln.
Getränk: Weißwein, z. B. Chardonnay.

ZUBEREITUNGSZEIT ca. 35 Min.
PORTION ca. 620 kcal
41 g E • 14 g F • 78 g KH

Extra-Tipps

- Reis in Form bringen: Tassen evtl. mit Öl auspinseln, den Reis hineindrücken und auf die Teller stürzen.
- Damit sich die Fleischwürfel besser auf die Holzspieße schieben lassen, die Spieße vorher einölen.

Raffinierte Eierrezepte

Sie sind die heimlichen Stars in der Küche, denn mit Eiern gelingen die schönsten Lieblingsrezepte ganz einfach

Warenkunde Eier

GEWICHTSKLASSEN teilen Eier im Handel je nach ihrem Gewicht und Größe von S bis XL ein.

DER STEMPELAUFDRUCK gibt darüber Auskunft, wie und wo das Ei erzeugt wurde.

WACHTELEIER schmecken wie Hühnereier. Die Miniatur-Eier werden auch genauso verarbeitet.

Die Alleskönner

Eier sind in der Küche die absoluten Allrounder: ob pur als Frühstücks- oder Spiegelei, als Komponente in Kuchen, Süßspeisen, Soßen und Dips, als Binde- oder Lockerungsmittel.

Gewichtsklassen

Eier werden in vier verschiedene **Gewichtsklassen** eingeteilt. Sie gliedern sich von leicht bis schwer in **S (unter 53 g), M (53 bis unter 63 g), L (63 bis unter 73 g)** und **XL (ab 73 g)**. Zum Backen oder Kochen werden in Rezepten meist Eier der Gewichtsklasse M verwendet. Häufig finden Sie hierzu auch eine entsprechende Angabe.

Kennzeichnung

Der **Stempelaufdruck** ist der Personalausweis des Eis, der viele Informationen enthält: Die erste Ziffer erklärt die **Haltungsform** der Legehenne. Hierbei steht **0** für ökologische Erzeugung, **1** für Freilandhaltung, **2** für Boden- und **3** für Käfighaltung. Die nachfolgenden Buchstaben stehen für das **Herkunftsland** des Eies. Hier steht beispielsweise **DE** für Deutschland und **NL** für die Niederlande. Die Anschließenden Ziffern kennzeichnen **den Registrierungscode des Betriebes** und die letzte Zahl bezeichnet die genaue **Stallnummer**. So lässt sich im Zweifelsfall genau rückverfolgen, woher das Ei stammt.

Qualitätsstufen

Die **Güteklasse** ist eine qualitative Einteilung. In den Einzelhandel gelangen nur Eier der **Güteklasse A.** Diese sind sehr frisch, haben eine intakte Schale, sind sauber, aber nicht gewaschen. Eier der **Güteklasse B oder C** werden vor allem industriell verarbeitet.

Haltbarkeit

Ein Ei gilt bis zum zehnten Tag, nachdem die Henne es gelegt hat, als frisch. Das **Mindesthaltbarkeitsdatum** liegt 28 Tage nach dem Legetag und muss entweder auf der Verpackung oder dem Ei selbst abzulesen sein. Um auf Nummer sicher zu gehen, sollten Eier immer kühl gelagert werden (5–8 °C), z. B. im Eierfach des Kühlschranks.

Zubereitung

Bei der Verarbeitung von Eiern ist eine sorgfältige Küchenhygiene besonders wichtig, denn es besteht eine erhöhte **Salmonellengefahr,** wie auch bei rohem Geflügelfleisch. Darum für Speisen mit rohen Eiern (z. B. Mayonnaise, Tiramisu) nur sehr frische Exemplare verwenden, immer rasch verzehren und kühl lagern.

Einkauf

Die Eier sollten möglichst **lange frisch halten,** außerdem darf die **Schale nicht beschädigt** oder mit Hühnerkot **verschmutzt** sein. Denn dies erhöht die Gefahr eines Salmonellenbefalls um ein Vielfaches.

DIE EIERFARBE hängt von den Genen der Hühnerrasse ab, sagt aber nichts über die Qualität aus.

Wie frisch ist das Ei?

AUFSCHLAG-TEST

Hier begutachtet man die Konsistenz eines aufgeschlagenen Eis auf einem flachen Teller: Bei frischen Eiern ist das Eigelb prall, hoch gewölbt und von einem dickflüssigen Eiweißring umgeben (oben). Bei älteren Exemplaren ist das Eigelb flacher und das Eiweiß läuft auseinander (unten).

SCHWIMM-TEST

Sinkt das Ei in einem Wasserglas zu Boden, ist es frisch. Richtet es sich am Glasboden auf, ist es ca. sieben Tage alt. Steigt es an die Oberfläche, besser nicht mehr verzehren, denn dann ist es bereits mehrere Wochen alt.

Ganze Eier kochen (Rezept S. 153)

Damit Eier beim Kochen nicht platzen, die stumpfe Seite (mit Luftkammer) auf einen Eierpikser drücken (alternativ können Sie eine Stecknadel nehmen).

Wasser in einem Topf mit Deckel zum Kochen bringen. Eier mit einem Esslöffel vorsichtig hineingeben. 4–10 Minuten mit geschlossenem Deckel kochen.

Die Eier abgießen und unter fließend kaltem Wasser kurz abschrecken. Für Salate oder als Brotbelag in reichlich kaltem Wasser ganz auskühlen lassen.

Garzeiten: Nach 4–5 Minuten ist das Eigelb **weich (links),** nach 6–8 Minuten **wachsweich (Mitte).** Nach ca. 10 Minuten ist das Ei **vollständig hart (rechts)**.

Rührei zubereiten (Rezept S. 157)

4 Eier mit **4 EL Milch oder Sahne** in einer Schüssel mit dem Schneebesen oder einer Gabel gut verquirlen. Mit **Salz** und **Pfeffer** würzen.

1 EL Fett in einer beschichteten Pfanne erhitzen. Eiermasse bei schwacher Hitze stocken lassen. Dabei öfter zur Mitte hin zusammenschieben.

Weitere Zutaten wie **TK-Erbsen, frische Kräuter, Dosenthunfisch** oder **gewürfeltes Gemüse** ins noch weiche Ei geben und mit unterheben (vgl. S. 157).

Spiegeleier braten (Rezept S. 155)

1 EL Butter, Margarine oder Öl in einer beschichteten Pfanne erhitzen. Die Eier vorsichtig nebeneinander in die Pfanne gleiten lassen.

Die Eier bei mittlerer Hitze ca. 5 Minuten braten, bis das Eiweiß fest ist (Gabeltest; s. Foto). Mit Salz und frisch gemahlenem Pfeffer würzen.

Die zusammengebackenen Eier mithilfe eines Pfannenwenders in einzelne Abschnitte trennen. Für einzeln gebratene Spiegeleier Abstände lassen (s. Foto rechts).

Für ein durchgebratenes Eigelb das Spiegelei mithilfe von zwei Pfannenwendern auf die Oberseite drehen und ca. 1 Minute weiterbraten.

Eier pochieren (Rezept S. 156)

1 l Wasser, 2 EL Essig und **1 gehäuften TL Salz** im weiten Topf aufkochen. **Frische Eier** mithilfe einer Tasse oder Schaumkelle hineingleiten lassen.

Das Eiweiß mit einem Esslöffel über das Eigelb ziehen und alles ca. 2 Minuten stocken lassen.

Die Eier mit einer Schaumkelle vorsichtig wenden und ca. 2 Minuten weitergaren, sodass das Eigelb noch weich und das Eiweiß gestockt ist.

Herausheben, kurz abschrecken und auf Küchenpapier abtropfen lassen. Es sieht schöner aus, wenn Sie die ausgefransten Ränder mit einem scharfen Messer abschneiden.

Eischnee schlagen

Trennen: Ei aufschlagen, das Eigelb von einer Schalenhälfte in die andere gleiten lassen, sodass das Eiweiß abtropft. Dieses in einer zweiten Schüssel auffangen.

Für steifen Eischnee müssen die Schneebesen frei von Fett sein. Etwas Salz oder 1 TL Zitronensaft zum Festigen zufügen und auf höchster Stufe schlagen.

Der Eischnee ist fest, wenn sich an den Schneebesen beim Herausziehen Spitzen bilden oder ein Messerschnitt sichtbar bleibt.

Schaumomelett (Rezept S. 158)

Die **Eigelb** schaumig schlagen und evtl. zusammen mit etwas **Speisestärke** mit einem Teigschaber unter den festen Eischnee (s. oben) ziehen.

Fett in einer beschichteten Pfanne mit Deckel (damit er sich erwärmt) bei milder Temperatur erhitzen. Die Schaummasse hineingeben und glatt streichen.

Die Masse bei schwacher Hitze ca. 15 Minuten mit Deckel stocken lassen. Deckel zwischendurch nicht abnehmen, weil das Omelett sonst zusammenfällt.

Omelett umklappen, solange die Oberseite noch weich, aber nicht mehr flüssig ist. Nach Belieben mit Füllung anrichten und sofort auf Tellern servieren.

Eier-Blumenkohl-Ragout

ZUTATEN FÜR 4 PERSONEN

- 8 Eier
- 500 g Brokkoli
- 1 kleiner Blumenkohl
- 250 g Möhren
- Salz • Pfeffer
- 50 g Butter/Margarine
- 50 g Mehl
- 300 ml Milch
- 1–2 EL grober Senf
- ½ Bund/Töpfchen Kerbel oder Petersilie

1 Eier hart kochen. Dann abschrecken, schälen und halbieren bzw. vierteln.

2 Brokkoli und Blumenkohl putzen, waschen und in kleine Röschen teilen. Möhren schälen, waschen und in Scheiben schneiden. Möhren und Blumenkohl in gut ½ l Salzwasser ca. 10 Minuten kochen. Brokkoli ca. 5 Minuten mitgaren. Alles abgießen, Fond auffangen.

3 Fett in einem Topf erhitzen. Mehl darin kurz anschwitzen. Mit Gemüsefond und Milch unter Rühren ablöschen. Aufkochen und ca. 5 Minuten köcheln. Senf einrühren. Mit Salz und Pfeffer abschmecken. Gemüse und Eier unterheben.

4 Kerbel waschen und hacken. Eier-Blumenkohl-Ragout abschmecken, mit Kerbel bestreuen und anrichten. Dazu schmecken Salzkartoffeln.
Getränk: Bier, z. B. Pils.

ZUBEREITUNGSZEIT ca. 45 Min.
PORTION ca. 430 kcal
24 g E • 27 g F • 20 g KH

Extra-Tipp

Verfeinern Sie das Ragout mit Räucherlachs: In Würfeln oder Streifen dazugeben.

Gebackene Eier im Knusperkörbchen

ZUTATEN FÜR CA. 12 STÜCK

- 75 g Zuckerschoten
- 200 g gekochter Schinken in Scheiben
- 5–6 Stiele Thymian
- 1 EL Olivenöl
- Salz • Pfeffer
- ca. 75 g Butter
- 1 Packung (250 g; 10 Blätter) Strudelteig (Filo- oder Yufkateig; Kühlregal)
- 12 Eier

1 Zuckerschoten putzen, waschen und in feine Streifen schneiden. Schinken in feine Streifen schneiden. Thymian waschen, Blättchen abzupfen.

2 Öl in einer Pfanne erhitzen. Schinkenstreifen darin knusprig braten. Thymian kurz mitbraten. Beides herausnehmen. Zuckerschoten im heißen Bratfett ca. 1 Minute schwenken. Mit Salz und Pfeffer würzen.

3 Butter schmelzen. Die Mulden eines Muffinblechs (für 12 Stück) mit etwas Butter fetten. 4 Teigblätter aus der Packung nehmen und in je 9 Quadrate (à 10 x 10 cm) schneiden (übrigen Teig anderweitig verwenden). Jedes Teigquadrat mit etwas Butter bestreichen und je 3 Teigquadrate übereinander in eine Mulde legen. Schinken und Zuckerschoten mischen. 2 EL zum Bestreuen beiseite legen, den Rest in die Körbchen verteilen.

4 Je 1 Ei in die Körbchen gleiten lassen. Mit Salz und Pfeffer würzen. Im vorgeheizten Backofen (E-Herd: 200 °C/Umluft: 175 °C/Gas: Stufe 3) 12–15 Minuten backen, bis das Ei gestockt und der Teig braun ist. Körbchen herausnehmen, etwas abkühlen lassen und aus der Form lösen. Mit übriger Schinkenmischung bestreuen. Dazu passt grüner Salat.
Getränk: Weißweinschorle.

ZUBEREITUNGSZEIT ca. 45 Min.
STÜCK ca. 230 kcal
13 g E • 13 g F • 13 g KH

Spiegeleier auf Hacksteaks

ZUTATEN FÜR 4 PERSONEN

- **2 kleine Zwiebeln**
- **1 Salatgurke**
- **200 g kleine Tomaten**
- **½ Bund frischer oder 1–2 TL TK-Dill**
- **3–4 EL Weißweinessig**
- **Salz • Pfeffer • Zucker**
- **4 EL Öl**
- **500 g gemischtes Hack**
- **5 Eier**
- **1 EL mittelscharfer Senf**
- **½–1 TL Edelsüß-Paprika**

1 Zwiebeln schälen und hacken. Gurke putzen, waschen und in feine Scheiben hobeln oder schneiden. Tomaten waschen und halbieren. Dill waschen und fein schneiden. Essig, Dill, Salz, Pfeffer und 1 Prise Zucker verrühren. 2 EL Öl darunterschlagen. Mit Gurke, Tomaten und Hälfte Zwiebeln mischen. Ca. 20 Minuten ziehen lassen.

2 Hack, 1 Ei, übrige Zwiebeln und Senf verkneten. Mit Salz, Pfeffer und Edelsüß-Paprika würzen. Daraus 4 flache Hacksteaks formen. 2 EL Öl in einer Pfanne erhitzen. Hacksteaks darin von jeder Seite 3–4 Minuten braten. Herausnehmen und evtl. warm stellen.

3 4 Eier im heißen Bratfett zu Spiegeleiern braten. Mit Salz und Pfeffer würzen. Auf Hacksteaks mit dem Salat anrichten. Dazu schmeckt Bauernbrot oder Bratkartoffeln.
Getränk: Bier, z. B. Pils.

ZUBEREITUNGSZEIT ca. 30 Min.
PORTION ca. 430 kcal
35 g E • 30 g F • 3 g KH

Extra-Tipp

Kapern geben zusätzliche Würze: 1–2 TL klein schneiden und nach Belieben unter die Hackmasse kneten.

Pochierte Eier auf Salat

ZUTATEN FÜR 4 PERSONEN

- 2 Scheiben Toastbrot
- 2 EL Butter/Margarine
- 4 Scheiben Frühstücksspeck (Bacon)
- 5–6 EL Essig
- 1–2 EL körniger Senf
- Salz • Pfeffer • Zucker
- 3 EL Öl
- ½–1 Bund Schnittlauch
- 200 g gemischter Blattsalat (z. B. Lollo rosso, Lollo bianco und Kopfsalat)
- 150 g Kirschtomaten
- 4 Eier
- evtl. Kerbel zum Garnieren

1 Toast würfeln und im heißen Fett goldbraun rösten. Herausnehmen.

2 Speck fein würfeln. In der Pfanne ohne Fett knusprig braten. Vom Herd nehmen. 3–4 EL Essig, Senf, Salz, Pfeffer und 1 Prise Zucker zugeben, verrühren. Öl darunterschlagen. Schnittlauch waschen, fein schneiden und in die Marinade rühren.

3 Salat und Tomaten putzen, waschen und gut abtropfen lassen. Tomaten halbieren, evtl. Salat kleiner zupfen. Beides mischen.

4 1 l Wasser, 2 EL Essig und 1 gehäuften TL Salz aufkochen. Eier nacheinander in eine Kelle schlagen und vorsichtig ins Essigwasser gleiten lassen. Dabei das Eiweiß über das Eigelb ziehen. Bei schwacher Hitze ca. 4 Minuten ziehen lassen (pochieren). Herausheben und auf dem Salat anrichten. Marinade darüberträufeln. Mit Kerbelblättchen und Croûtons bestreuen.
Getränk: Apfelsaftschorle.

ZUBEREITUNGSZEIT ca. 30 Min.
PORTION ca. 320 kcal
11 g E • 26 g F • 9 g KH

Rührei-Schnitte mit Kasseler

ZUTATEN FÜR 4 PERSONEN

- 2 mittelgroße Zwiebeln
- 2 EL Weißweinessig
- Salz • Pfeffer • Muskat
- 2 EL Olivenöl
- 6 mittelgroße Tomaten (ca. 500 g)
- 1 Bund Schnittlauch
- 4–6 Stiele Petersilie
- 100 g Kasseleraufschnitt (Stück)
- 6 Eier
- 8 EL Milch
- 1 TL Butter/Margarine
- 4 Scheiben Schwarzbrot (à ca. 40 g)

1 Zwiebeln schälen und fein würfeln. Essig, Salz, Pfeffer und Öl verschlagen. Hälfte Zwiebeln darunterrühren. Tomaten waschen und in Scheiben schneiden. Mit der Marinade mischen. Kräuter waschen und etwas zum Garnieren beiseite legen. Rest fein schneiden. Kasseler in Würfel schneiden.

2 Eier, Milch, Pfeffer, Muskat und wenig Salz verquirlen. Kasseler und die Hälfte Kräuter unterrühren. Fett in einer beschichteten Pfanne erhitzen. Rest Zwiebeln darin andünsten. Eiermilch zufügen und bei mittlerer Hitze stocken lassen. Dabei die Eiermasse öfter zur Mitte schieben. Rührei auf die Brotscheiben verteilen. Tomatensalat dazureichen. Mit Rest Kräutern bestreuen und garnieren. **Getränk:** Bier, z. B. Pils.

ZUBEREITUNGSZEIT ca. 20 Min.
PORTION ca. 350 kcal
22 g E • 19 g F • 21 g KH

Extra-Tipps

Rührei lässt sich immer wieder neu variieren. Hier die besten Ideen:

- getrocknete Tomaten in feinen Würfeln mit geschnittenen Basilikumblättchen,
- gehackte Oliven und Fetawürfel,
- knusprig gebratene Speckwürfel,
- Krabben oder Räucherlachs in Streifen,
- Paprikawürfel und geriebener Gouda,
- gebratene Champignons und Zwiebeln.

Kräuteromelett mit Pilzen

ZUTATEN FÜR 2 PERSONEN

- ½ Bund glatte Petersilie
- 1 kleine Zwiebel
- 250–300 g kleine Champignons
- 2–3 Tomaten
- 1–2 EL Öl
- Salz • Pfeffer
- 4 Eier
- 2 gestrichene EL Speisestärke
- 2 EL Butter/Margarine

1 Petersilie waschen und einige Blättchen beiseite legen. Den Rest hacken. Zwiebel schälen und fein würfeln. Pilze putzen, waschen und halbieren oder in Scheiben schneiden. Tomaten waschen, vierteln und entkernen. Fruchtfleisch in feine Spalten schneiden.

2 Öl erhitzen. Zwiebel und Pilze darin goldbraun braten. Mit Salz und Pfeffer würzen. Tomaten und die gehackte Petersilie zufügen, kurz erhitzen. Alles warm stellen.

3 Eier trennen (s. S. 152). Eiweiß und 1 Prise Salz steif schlagen. Eigelb verquirlen und unterziehen. Stärke darübersieben und vorsichtig unterheben.

4 1 EL Fett in einer beschichteten Pfanne (ca. 24 cm Ø) mit Deckel erhitzen. Die Hälfte Petersilienblätter und die Hälfte Eischaum hineingeben. Zugedeckt bei schwacher Hitze ca. 15 Minuten stocken lassen. 2. Omelett ebenso backen. Pilze auf den Omeletts anrichten und Omeletts überklappen. Mit Petersilie garnieren. **Getränk:** Cidre.

ZUBEREITUNGSZEIT ca. 50 Min.
PORTION ca. 390 kcal
21 g E • 27 g F • 14 g KH

Thymianschmarrn mit Olivencreme

ZUTATEN FÜR 4 PERSONEN

- **150 g Vollmilchjoghurt**
- **2–3 EL Salatcreme**
- **1 Knoblauchzehe**
- **je 2 EL (ca. 30 g) entsteinte grüne und schwarze Oliven**
- **1 TL mittelscharfer Senf**
- **Salz • Pfeffer**
- **½ Bund/Töpfchen Thymian**
- **3–4 Stiele Petersilie**
- **4 Eier**
- **3/8 l Milch**
- **250 g Mehl**
- **2–4 EL Öl**

1 Joghurt und Salatcreme verrühren. Knoblauch schälen und direkt hineinpressen. Oliven in Scheiben schneiden und unterheben. Creme mit Senf, Salz und Pfeffer abschmecken.

2 Kräuter waschen, Blättchen abzupfen. Petersilie fein schneiden. Eier trennen. Eigelb, ½ TL Salz und Milch verquirlen. Mehl und Kräuter unterrühren. Eiweiß steif schlagen und vorsichtig darunterheben.

3 1–2 EL Öl in einer beschichteten Pfanne (ca. 24 cm Ø) erhitzen. Hälfte Teig hineingießen und bei schwacher Hitze von beiden Seiten goldgelb backen.

4 Schmarrn mit zwei Gabeln in Stücke reißen und kurz weiterbacken. Warm stellen. Aus übrigem Öl und Teig einen weiteren Schmarrn backen. Mit Olivencreme anrichten.

Getränk: Weißwein, z. B. Soave.

ZUBEREITUNGSZEIT ca. 40 Min.
PORTION ca. 480 kcal
19 g E • 20 g F • 52 g KH

Extra-Tipp

Für süßen Kaiserschmarrn das Salz durch Zucker ersetzen und statt der Kräuter 3 EL Rosinen und 1 EL zerlassene Butter unter den Teig heben. Zum Schluss mit etwas Zucker bestreuen.

Apfel-Speck-Pfannkuchen

ZUTATEN FÜR 4 PERSONEN

- **4 Eier**
- **200 g Mehl**
- **¼ l Milch**
- **Salz • Zucker**
- **1–2 Äpfel (ca. 200 g)**
- **4 dünne Scheiben Frühstücksspeck (Bacon)**
- **4 TL Butterschmalz oder Öl**
- **Ahornsirup oder flüssiger Honig**

1 2 Eier trennen. Mehl, Milch, Eigelb und 2 Eier zu einem glatten Teig verrühren. Je 1 Prise Salz und Zucker unterrühren. Ca. 10 Minuten quellen lassen. Eiweiß und 1 Prise Salz steif schlagen. Eischnee vorsichtig unter den Teig heben. Äpfel waschen. Mit einem Apfelausstecher das Kerngehäuse ausstechen. Äpfel in Ringe schneiden. Speckscheiben quer halbieren.

2 1 TL Butterschmalz in einer beschichteten Pfanne (ca. 20 cm Ø) erhitzen. 2 Scheiben Speck darin anbraten. 3–4 Apfelringe hineinlegen und ca. ¼ Teig gleichmäßig darüber verteilen. Bei mittlerer Hitze von beiden Seiten goldgelb backen. Pfannkuchen warm stellen.

3 Aus den übrigen Zutaten auf die gleiche Weise 3–5 Pfannkuchen backen. Pfannkuchen mit Ahornsirup servieren. **Getränk:** Saftschorle.

ZUBEREITUNGSZEIT ca. 30 Min.
PORTION ca. 430 kcal
16 g E · 18 g F · 47 g KH

Extra-Tipp

So klappt das Wenden des Pfannkuchens: Erst eine Seite braten und dann mithilfe eines Pfannenwenders auf einen flachen Topfdeckel gleiten lassen. Pfanne etwas anheben und den Deckel mit Schwung so drehen, dass der Pfannkuchen andersherum wieder in der Pfanne landet.

Ohne Soße läuft nichts

„Wer Soße kann, kann kochen!“ Da ist viel Wahres dran, denn selbst einfachsten Zutaten setzt sie eine Krone auf

Béchamelsoße (Rezept S. 163)

2 leicht gehäufte EL Butter in einem Topf schmelzen. Die **gleiche Menge Mehl** einstreuen und unter Rühren hellgelb anschwitzen.

Alles so lange schwitzen, bis die Masse eindickt. Der Mehlbrei brennt schnell an, deshalb ständig mit dem Schneebesen rühren.

Mehlschwitze mit ½ **l kalter Flüssigkeit** (z. B. Brühe und/oder Milch) ablöschen. Aufkochen und mit **Salz und Pfeffer** abschmecken.

Sauce hollandaise (Rezept S. 164)

3 frische Eigelb und eine Reduktion aus **Weißwein, Schalotten, Pfeffer** und **Lorbeer** (s. S. 164) über dem Wasserbad dickcremig aufschlagen.

250 g Butter schmelzen und abkühlen lassen. Erst tröpfchenweise und dann im dünnen Strahl der Eigelbmasse unter Rühren zufügen.

Soße mit **Salz, Pfeffer, Zucker** und evtl. **Zitronensaft** abschmecken. Die Hollandaise nicht zu lange stehen lassen, da sie sich sonst absetzt.

Mayonnaise (Rezept S. 165)

2 frische Eigelb, 2 TL Senf und ½ **TL Salz** mit dem Handrührgerät gründlich verquirlen, bis die Masse etwas heller geworden ist.

250 ml Öl anfangs tröpfchenweise langsam zufügen, bis die Masse steif ist. Rest **Öl** im dünnen Strahl unterrühren.

Zum Schluss mit **Salz, Pfeffer, Zitronensaft** und **etwas Zucker** abschmecken. Die Mayonnaise immer kühl lagern und schnell verzehren.

Béchamelsoße

Grundrezept

ZUTATEN FÜR 4 PERSONEN

- **1 Zwiebel**
- **2 leicht gehäufte EL (30 g) Butter/Margarine**
- **2 leicht gehäufte EL (30 g) Mehl**
- **¼ l Milch**
- **1 TL Gemüsebrühe**
- **Salz • Pfeffer**

1 Zwiebel schälen und fein würfeln. Fett in einem Topf erhitzen. Zwiebelwürfel darin glasig dünsten.

2 Mehl zufügen und anschwitzen. Mit ¼ l Wasser und Milch unter Rühren ablöschen und Brühe darin auflösen. Aufkochen und ca. 5 Minuten köcheln. Mit Salz und Pfeffer abschmecken.

Verwendung

Béchamelsoße ist die **klassische helle Soße** auf Grundlage einer Mehlschwitze. Sie ist häufig selbst die Basis für viele weiße und helle Soßen. Als cremige Schicht in **Lasagne** oder zum **Überbacken** von anderen Aufläufen, zu **Fisch, Fleisch, Kartoffeln** (Béchamelkartoffeln), **Eierspeisen** und **Gemüse** wird sie gern verwendet. Bekannt ist sie auch zu **Königsberger Klopsen** oder im **Frikassee.**

Extra-Tipps

- Um **Klümpchen** in der Soße zu vermeiden, sollten Sie die heiße Mehlschwitze immer mit kalter Flüssigkeit ablöschen.
- Für eine Béchamel können Sie prima aufgefangenes **Garwasser von Gemüse** verwenden. Es hat Geschmack und enthält noch viele wichtige Mineralstoffe.
- **Zum Verfeinern** Schlagsahne, saure Sahne oder Crème fraîche einrühren. Mit Zitronensaft, Weißwein oder Cognac und 1 Prise Zucker abschmecken.
- **Legieren** mit Ei: 1 Eigelb mit 2–3 EL der heißen Soße verrühren, dann alles in die Béchamel rühren und nicht mehr kochen, damit das Eigelb nicht gerinnt.

Vier leckere Varianten

MIT KRÄUTERN

1 Bund gemischte Kräuter (z. B. Petersilie, Schnittlauch, Basilikum) waschen, trocken tupfen und fein schneiden. Kräuter unter die Grundsoße (s. o.) rühren, mit **Salz, Pfeffer** und **Muskat** abschmecken.

MIT DILL UND MEERRETTICH

1 Bund Dill waschen, trocken tupfen, die Fähnchen abzupfen und fein schneiden. **3 EL geriebenen Meerrettich (frisch oder Glas)** und den Dill unter die Grundsoße (s. o.) rühren, mit **Salz, Pfeffer** und **evtl. etwas Zitronensaft** abschmecken.

MIT KÄSE

100 g Schnittkäse im Stück (z. B. Gouda oder Emmentaler) reiben und in die Grundsoße (s. o.) geben. 2–3 Minuten unter Rühren schmelzen. Mit **Salz, Pfeffer** und **geriebener Muskatnuss** abschmecken.

MIT CURRY, CHILI UND KORIANDER

3–4 EL Currypulver und **1 rote Chilischote** mit dem Mehl zu den Zwiebeln geben und anschwitzen (s. o.). Soße wie im Grundrezept fertigstellen (s. o.). **Ca. 3 Stiele Koriander** waschen, Blättchen abzupfen und fein schneiden. Unter die Soße rühren, mit **Salz** und **Pfeffer** abschmecken.

Sauce hollandaise

Grundrezept

ZUTATEN FÜR 4 PERSONEN

- **2–3 weiße Pfefferkörner**
- **2 Schalotten**
- **175 ml trockener Weißwein**
- **1 Lorbeerblatt**
- **250 g Butter**
- **3 frische Eigelb (Gr. M)**
- **Salz • Zucker**
- **2–3 TL Zitronensaft**

1 Für die Weißweinreduktion Pfeffer im Mörser zerstoßen. Schalotten schälen und fein würfeln. Beides mit Weißwein und Lorbeer in einem Topf aufkochen. Auf insgesamt ca. ⅛ l einkochen. Reduktion vom Herd nehmen, durch ein feines Sieb gießen und abkühlen lassen.

2 Butter würfeln und in einem Topf langsam schmelzen. Vom Herd nehmen, etwas abkühlen lassen.

3 In einem Schlagkessel aus Edelstahl Eigelb und Weißweinreduktion über dem heißen Wasser aufschlagen, bis eine dickcremige Masse entsteht. Achtung: Ständig rühren, ansonsten stockt das Ei.

4 Flüssige Butter erst tropfenweise, dann schneller unter die Eimasse schlagen, sodass eine dicksämige Soße entsteht. Beides sollte etwa die gleiche Temperatur haben. Mit Salz, Zucker und Zitrone abschmecken. Sofort servieren.

Verwendung

Sauce hollandaise passt zu Spargel, Brokkoli oder Blumenkohl, gekochtem Fleisch oder Fisch, aber auch auf Pizza.

Extra-Tipps

- Für die Hollandaise nur **frische Eier** verwenden, die noch mind. 14 Tage haltbar sind (s. Mindesthaltbarkeitsdatum).
- Klassisch wird Sauce hollandaise mit **geklärter Butter** gemacht: Butter so lange kochen, bis sie sich in drei Schichten trennt. Die obere abschöpfen und die mittlere in eine Schüssel gießen, sodass die Molkeschicht im Topf bleibt. Geklärte Butter ist geschmacksneutral, es klappt aber auch mit zerlassener Butter.
- Wenn die Soße beim Schlagen **gerinnt,** nicht weiterrühren! Besser ½–1 TL kaltes Wasser am Rand auf die Soße geben. Von dort aus in Kreisen rühren, bis wieder Bindung entsteht.

Vier leckere Varianten

ORANGEN-HOLLANDAISE

1 Bio-Orange heiß waschen, abtrocknen und die Schale dünn abreiben. Frucht auspressen. Reduktion (s. o.) mit dem Orangensaft kochen. Dann Soße wie im Grundrezept zubereiten. Mit Orangenschale und **etwas Zucker** abschmecken.

SENF-HOLLANDAISE

Eigelb mit Reduktion (s. o.) und **3 TL Dijonsenf** im Wasserbad aufschlagen. Soße wie im Grundrezept fertigstellen. **100 g Schlagsahne** steif schlagen und unter die Soße heben.

TOMATEN-HOLLANDAISE

3 große Tomaten waschen, entkernen und fein würfeln. Eigelb mit Reduktion (s. o.) und **1 EL Tomatenmark** im Wasserbad aufschlagen. Wie im Grundrezept fertigstellen und Tomatenwürfel unterrühren. Evtl. mit **Basilikumblättchen** garnieren.

ASIA-HOLLANDAISE

1 rote Chilischote längs einritzen, entkernen, waschen und fein schneiden. Von **½ Stange Zitronengras** äußere Blätter entfernen, Zitronengras in Ringe schneiden und mit der Hälfte Chili in der Reduktion (s. o.) mitkochen. Soße wie im Grundrezept zubereiten. **5 Stiele Koriander** waschen, hacken und mit Rest Chili in die Soße rühren. Mit **etwas Sojasoße** abschmecken.

Mayonnaise

Grundrezept

ZUTATEN FÜR 4 PERSONEN

- **2 frische zimmerwarme Eigelb (Gr. M)**
- **1 TL Senf**
- **Salz • Pfeffer**
- **¼ l Öl (z. B. Rapsöl)**
- **1–2 EL Zitronensaft**

1 Eigelb, Senf und ½ TL Salz in einen hohen Rührbecher geben. Mit dem Schneidstab ca. 1 Minute aufschlagen, bis das Eigelb hell geworden ist.

2 Öl erst tröpfchenweise (ca. 5 EL), dann in dünnem Strahl langsam unter ständigem Rühren zugießen. Mayonnaise mit Salz, Pfeffer und evtl. Zitronensaft abschmecken.

Verwendung

Klassisch kennt man sie als Komponente zu Pommes, aber auch im Kartoffelsalat darf „Mayo" nicht fehlen. Als Dip passt sie super zu Gemüsesticks oder Brot. Auch als Aufstrich peppt sie jedes Sandwich auf. Verdünnt mit etwas Brühe oder Fond wird aus der dickeren Crème schnell ein Dressing für Salate.

Eine bekannte Variante ist **Aioli,** eine typisch mediterrane Knoblauchcreme auf Mayonnaisebasis. Hierfür einfach 2–3 gepresste Knoblauchzehen zur Grundmayonnaise geben und unterrühren. Evtl. noch mit etwas Senf oder Tomatenmark abschmecken. Sie schmeckt z. B. zu Garnelen oder gegrilltem Fisch.

Extra-Tipps

- Verwenden Sie nur absolut **frische Eier,** die noch mind. 14 Tage haltbar sind (s. Mindesthaltbarkeitsdatum). Die fertige Mayonnaise nicht länger als zwei Tage im Kühlschrank aufbewahren.
- Damit die Mayonnaise gelingt und das Eigelb nicht gerinnt, müssen die Zutaten **Raumtemperatur** haben. Wenn sie zu fest wird, einige Tropfen Wasser einrühren.
- So machen Sie **Remoulade** selbst: Grundmayonnaise mit gehackten Kräutern (z. B. Petersilie, Dill, Schnittlauch, Estragon), gehackten sauren Gürkchen, Sardellenfilets und Kapern verfeinern. Mit Salz, Pfeffer, Senf und etwas Gurkensud abschmecken.

Vier leckere Varianten

MIT KNOBLAUCH UND THYMIAN

4 Knoblauchzehen schälen und durch eine Knoblauchpresse drücken. **6 Stiele Thymian** waschen und trocken schütteln. Blättchen von den Stielen streifen und hacken. Mayonnaise (s. o.) mit Knoblauch und Thymian verrühren.

MIT EI, KAPERN UND PETERSILIE

2 Eier ca. 10 Minuten hart kochen. **4 Stiele Petersilie** waschen und trocken schütteln. Blättchen von den Stielen streifen und fein hacken. Eier abschrecken, schälen und fein würfeln. **2–3 EL Kapern** abtropfen lassen und hacken. Petersilie, Eier und Kapern unter die Mayonnaise (s. o.) rühren.

MIT KRÄUTERN

Je ½ Bund Kerbel, Petersilie und Schnittlauch waschen und trocken schütteln. Blättchen von Kerbel und Petersilie von den Stielen zupfen und hacken. Schnittlauch in feine Röllchen schneiden. Mayonnaise (s. o.) mit Kräutern verrühren.

MIT CHILI UND AJVAR

1 kleine rote Chilischote putzen, waschen, der Länge nach halbieren und die Kerne entfernen. Schote fein hacken. **5 EL Ajvar** (Paprikazubereitung; Glas) und Chili mit der fertigen Mayonnaise (s. o.) verrühren.

Acht Soßen zu Kurzgebratenem

Apfelsoße mit Cidre

ZUTATEN FÜR 4 PERSONEN

- 1 kleine Zwiebel
- 3 große Äpfel (ca. 600 g)
- 50 g Butter • 1 EL Zucker
- 200 ml Cidre oder Apfelsaft
- 125 g Crème double
- Salz • Pfeffer
- einige Spritzer Zitronensaft

1 Zwiebel schälen, hacken. Äpfel schälen, vierteln, entkernen. Viertel in dünne Scheiben schneiden.

2 Butter in einem kleinen Topf zerlassen, Zucker zugeben und leicht karamellisieren lassen. Zwiebel und die Hälfte Äpfel zugeben und mit Cidre ablöschen. Ca. 8 Minuten köcheln, bis die Äpfel sehr weich sind.

3 Soße durch ein Sieb streichen und in den Topf zurückgeben. Crème double einrühren. Restliche Apfelstücke dazugeben, mit Salz, Pfeffer und Zitronensaft abschmecken. Nochmals 4–6 Minuten köcheln lassen. Soße anrichten. Lecker zu Schweinemedaillons.

Zwiebeljus mit Rosinen

ZUTATEN FÜR 4 PERSONEN

- 2 EL Pinienkerne
- 2 Zwiebeln • 1–2 EL Öl
- 2 EL Balsamico-Essig
- 500 ml Entenfond (Glas)
- 3 EL Rosinen
- 2 TL Speisestärke
- Salz • Pfeffer
- 1 EL kalte Butter

1 Pinienkerne in einer Pfanne ohne Fett goldbraun rösten, herausnehmen. Zwiebeln schälen und fein würfeln. Öl in einem Topf erhitzen, Zwiebeln darin anbraten, mit Essig ablöschen. Fond angießen und ca. auf die Hälfte einkochen. Rosinen und Pinienkerne zufügen.

2 Stärke mit 2 EL Wasser verrühren, in die Soße geben und ca. 3 Minuten unter Rühren köcheln lassen. Mit Salz und Pfeffer abschmecken.

3 Butter in die Soße geben und darunterschlagen. Soße anrichten. Passt zu dunklem Fleisch (z. B. Entenbrust).

Asia-Currysoße

ZUTATEN FÜR 4 PERSONEN

- 1 Zwiebel
- 1 Stange Zitronengras (Asialaden) • 1 TL Öl
- 250 g Schlagsahne
- 1 TL rote Currypaste (Beutel)
- evtl. 1 Kaffir-Limettenblatt (Asialaden)
- Salz • 2 Stiele Koriander

1 Zwiebel schälen und in dünne Ringe schneiden. Vom Zitronengras harte Außenblätter und Wurzelansatz entfernen. Stängel in feine Scheiben schneiden.

2 Öl erhitzen. Zwiebel und Zitronengras andünsten. Mit Sahne ablöschen, aufkochen und Currypaste einrühren. Limettenblatt zufügen. Unter Rühren bei schwacher Hitze 5–10 Minuten köcheln. Mit Salz abschmecken.

3 Koriander waschen und etwas zum Garnieren beiseite legen. Rest fein hacken, in die Soße rühren. Limettenblatt entfernen. Soße anrichten, garnieren. Schmeckt zu Hähnchenfilet.

Senf-Pilzsoße

ZUTATEN FÜR 4 PERSONEN

- 1 kleine Zwiebel
- 200 g Champignons
- 2 EL Öl
- Salz • Pfeffer
- 1 gehäufter EL Speisestärke
- 200 ml Rinderfond (Glas)
- 200 ml Schwarzbier
- 1 EL süßer Senf

1 Zwiebel schälen und fein würfeln. Pilze waschen, putzen und vierteln. Öl in einem Topf erhitzen. Pilze und Zwiebeln darin anbraten. Mit Salz und Pfeffer würzen.

2 Stärke mit 2 EL Wasser verrühren. Pilz-Zwiebel-Mischung mit Fond und Bier ablöschen, aufkochen. Stärke hineinrühren und ca. 3 Minuten unter Rühren köcheln.

3 Senf in die Soße einrühren. Mit Salz und Pfeffer abschmecken. Anrichten. Passt gut zu Steaks und Wild.

Fonds und Soßen aus dem Vorrat

Sie haben **Spargelfond übrig** oder das Garwasser von Gemüse? Nicht weggießen! Einfach in Gefrierdosen oder **Eiswürfelbehälter** abfüllen, einfrieren und evtl. einzeln in Alufolie verpacken. So haben Sie immer kleine „Brühwürfel" zur Hand, mit denen sich leckere helle Soßen herstellen oder verlängern lassen. Praktisch sind auch fertige **Fonds in Gläsern,** flüssige Konzentrate oder pulverförmige Instantbrühen. Sie sind lange haltbar und können als Soßenbasis dienen. Angebrochene Gläser können Sie übrigens prima einfrieren.

Pfefferrahmsoße

ZUTATEN FÜR 4 PERSONEN

- 1 Zwiebel
- 1 EL Butter
- 400 g Schlagsahne
- 2 EL Cognac/Weinbrand
- Salz • Pfeffer
- einige Spritzer Zitronensaft
- 2 EL eingelegte grüne Pfefferkörner
- evtl. Petersilie zum Garnieren

1 Zwiebel schälen und hacken. In der heißen Butter andünsten. Sahne und Cognac zufügen und aufkochen. Offen ca. 10 Minuten einköcheln. Mit Salz, Pfeffer und Zitronensaft abschmecken.

2 Pfefferkörner abspülen, zufügen. Soße anrichten und mit Petersilie garnieren. Passt zu Schweinemedaillons.

Portweinsoße

ZUTATEN FÜR 4 PERSONEN

- 2 Schalotten oder kleine Zwiebeln
- 1 EL Öl • 1 EL Mehl
- 100 ml Rotwein
- 100 ml Portwein
- 1–2 EL Crema di Balsamico
- Salz • Pfeffer
- 3–4 EL kalte Butter

1 Schalotten schälen und fein würfeln. Öl in einem Topf erhitzen. Schalotten darin andünsten. Mit Mehl bestäuben, kurz anschwitzen. Mit Rotwein und Portwein unter Rühren ablöschen. Aufkochen, etwas einkochen.

2 Crema di Balsamico unterrühren, mit Salz und Pfeffer abschmecken. Butter in Stückchen darunterschlagen. Soße anrichten. Schmeckt zu Rindersteaks oder Wild.

Zitronenöl

ZUTATEN FÜR 4 PERSONEN

- 1 Bio-Zitrone
- 8 EL Olivenöl
- Salz • Pfeffer • Zucker
- 1 gehäufter EL kalte Butter
- evtl. 1 Korianderblatt zum Garnieren

1 Zitrone waschen und trocken reiben. Die Schale fein abreiben. Zitrone halbieren und den Saft auspressen.

2 Saft und Schale der Zitrone mit Olivenöl verrühren, Mischung aufkochen lassen. Soße mit Salz, Pfeffer und etwas Zucker abschmecken.

3 Butter in die Soße rühren und anrichten. Evtl. mit Koriander garnieren. Lecker zu gegrilltem Hähnchenfilet oder Fisch. Eignet sich auch zum Marinieren.

Pikante Paprikasoße

ZUTATEN FÜR 4 PERSONEN

- 600 g rote Paprikaschoten
- 1 Zwiebel • 2 EL Olivenöl
- 1 EL Tomatenmark
- 1–2 TL Zucker (z. B. brauner)
- 2 EL Weißweinessig
- Salz • Pfeffer
- Petersilie zum Garnieren

1 Paprika putzen, waschen und klein würfeln. Zwiebel schälen, würfeln. Beides im heißen Öl andünsten. Tomatenmark mit anschwitzen. Mit 3–4 EL Wasser ca. 10 Minuten köcheln. 2 EL Paprika herausnehmen. Rest fein pürieren und durch ein Sieb in einen Topf streichen.

2 Püree mit Zucker, Essig und den übrigen Paprikawürfeln kurz aufkochen. Mit Salz und Pfeffer abschmecken, garnieren. Schmeckt zu Geflügel und Nudeln.

Die vier einfachsten Arten, eine Soße zu binden

Ein bequemes Hilfsmittel sind **Soßenbinder.** Es gibt sie für helle und dunkle Soßen. Einige EL in die heiße Flüssigkeit rühren, kurz aufkochen – fertig.

Speisestärke (Mais- oder Kartoffelstärke) in etwas kaltem Wasser anrühren. In den heißen Fond rühren, aufkochen und ca. 1 Minute sprudelnd kochen.

Ein **Mehlkloß** ersetzt die Mehlschwitze: Butter mit Mehl glatt verkneten (s. Foto) und den Kloß stückchenweise in heißen Fond rühren. Ca. 5 Minuten köcheln.

Gemüse und Zwiebeln, die mit dem Braten mitgegart wurden, **im Bratenfond pürieren** oder durch ein feines Sieb streichen. Das Gemüsepüree verleiht die Bindung.

Acht Klassiker für jeden Anlass

Mango-Chutney

ZUTATEN FÜR 4 PERSONEN

- 1 große reife Mango (ca. 600 g) oder 2 reife Mangos (à ca. 350 g)
- 2 Zwiebeln
- 1 Limette
- 1 großer Apfel (ca. 250 g)
- 120 g brauner Zucker
- Salz
- 8–10 EL Apfelessig
- 2 TL mittelscharfer Senf
- 1 kleine rote Chilischote
- 1 Stück Ingwer (ca. 20 g)

1 Mango schälen. Fruchtfleisch vom Stein schneiden und würfeln. Zwiebeln schälen, hacken. Limette auspressen. Apfel schälen, entkernen und würfeln.

2 Vorbereitete Zutaten mit Zucker, Salz, Essig und Senf unter Rühren aufkochen. Offen bei mittlerer Hitze ca. 40 Minuten köcheln, dabei ab und zu umrühren.

3 Chili waschen, längs einritzen, entkernen und fein hacken. Ingwer schälen und ebenfalls fein hacken. Beides ca. 5 Minuten mitgaren. Mit Salz abschmecken.

4 Sofort in drei vorbereitete Twist-off-Gläser (à ca. 250 ml Inhalt) füllen. Verschließen und umgedreht auskühlen lassen. Lecker zu gebratener Entenbrust oder Hähnchenspießen.

Pesto alla genovese

ZUTATEN FÜR 4 PERSONEN

- 2 EL Pinienkerne
- 1 Bund/Töpfchen Basilikum
- 2–3 Knoblauchzehen
- 40 g Parmesan oder Pecorinokäse (Stück)
- 1 TL grobes Salz
- 80–100 ml Olivenöl
- Salz • Pfeffer

1 Kerne ohne Fett rösten. Basilikum waschen, trocken schütteln und die Blättchen abzupfen. Knoblauch schälen. Käse reiben.

2 Kerne, Salz, Knoblauch, Käse, Basilikum und Öl im Mixer oder mit dem Pürierstab pürieren. Mit Salz und Pfeffer abschmecken. Passt zu Pasta oder Ciabatta.

Extra-Tipp

Für **rotes Pesto** einfach 75 g getrocknete Tomaten (in Öl eingelegt; aus dem Glas) abtropfen lassen und grob hacken. 1 Knoblauchzehe schälen und grob schneiden. 2 Stiele Thymian und 1 Zweig Rosmarin waschen und hacken. 50 g schwarze Oliven ohne Stein grob hacken. Alle Zutaten grob pürieren. 10 EL Olivenöl unterrühren. Pesto mit Salz und Cayennepfeffer abschmecken. Passt zu Nudeln oder Fleisch.

Frankfurter Grüne Soße

ZUTATEN FÜR 4 PERSONEN

- 4 Eier
- 2 TL Senf
- Salz • Pfeffer
- 100 ml Sonnenblumenöl
- 100 g Schmand
- 100 g saure Sahne
- 100 g Kräuter (z. B. Borretsch, Kerbel, Petersilie, Pimpernelle, Sauerampfer, Schnittlauch, Kresse)

1 Eier ca. 10 Minuten hart kochen, abschrecken und abkühlen lassen. Dann schälen. Eier halbieren, Eigelb herauslösen und durch ein feines Sieb streichen. Mit Senf verrühren und mit Salz und Pfeffer würzen.

2 Öl, Schmand und saure Sahne nacheinander unter die Eigelbmasse rühren. Kräuter waschen, abzupfen und fein hacken.

3 Eiweiß hacken. Kräuter und Eiweiß in die Soße rühren. Mit Salz und Pfeffer abschmecken. Passt gut zu Pellkartoffeln und gekochten Eiern (klassische Variante) oder auch zu Kasseler.

Bratensoße

ZUTATEN FÜR 8 PERSONEN

- 1 kg Rinderknochen
- 1 Bund Suppengrün
- 2 EL Öl
- 2 EL Tomatenmark
- ¼ l trockener Rotwein
- 1 ½ l Rinderfond (Glas)
- 1 Lorbeerblatt
- 2 Wacholderbeeren
- 6 schwarze Pfefferkörner
- 2–3 EL Mehl

1 Knochen klein hacken. In der Fettpfanne im vorgeheizten Backofen (E-Herd: 200 °C/Umluft: 175 °C/Gas: Stufe 3) ca. 30 Minuten rösten. Suppengrün putzen bzw. schälen, waschen, würfeln.

2 Suppengrün im heißen Öl ca. 10 Minuten anbraten. Tomatenmark und Knochen zugeben. 10–15 Minuten weiterrösten. Mit Wein und Fond ablöschen.

3 Soße ca. 3 Stunden köcheln. Öfter umrühren. Fett gelegentlich abschöpfen. Die Knochen sollten immer mit Flüssigkeit bedeckt sein, ansonsten mit Wasser auffüllen. Ca. 1 Stunde vor Ende der Garzeit Gewürze zugeben.

4 Bratensoße durch ein Sieb passieren und aufkochen. Mehl mit etwas Wasser verrühren und in die Soße rühren. 8–10 Minuten köcheln und nochmals abschmecken. Schmeckt zu Rind oder Kalb.

Pikante Schokoladensoße

ZUTATEN FÜR 4 PERSONEN

- 250 g Schalotten
- 2 EL Öl
- 1 EL Tomatenmark
- Salz • Zucker • Pfeffer
- ¼ l trockener Rotwein
- 400 ml Rinderfond (Glas)
- 75 g Zartbitterschokolade
- 1–2 EL Balsamico-Essig
- 2 gehäufte TL Speisestärke
- 2 EL (25 g) Rosinen

1 Schalotten schälen und in Ringe schneiden. Öl in einem Topf erhitzen. Schalotten darin ca. 5 Minuten braun rösten. Tomatenmark einrühren und ca. 2 Minuten anschwitzen. Mit Salz würzen.

2 1 TL Zucker zu den Zwiebeln geben und etwas karamellisieren lassen. Mit Wein und Fond unter Rühren ablöschen, Bratensatz dabei lösen. Sud offen ca. 30 Minuten auf ca. ½ l einkochen.

3 Schokolade hacken. Sud durch ein Sieb in einen Topf passieren. Schokolade darin schmelzen. Essig zugeben und aufkochen.

4 Stärke mit wenig Wasser verrühren. Unter Rühren zum Sud geben, aufkochen und Rosinen einrühren. Soße mit Salz und Pfeffer abschmecken. Passt gut zu Kaninchen oder Wild.

Bolognesesoße

ZUTATEN FÜR 4 PERSONEN

- 1 Bund Suppengrün
- 1 Zwiebel
- 1 EL Olivenöl
- 400 g gemischtes Hack
- 2 EL Tomatenmark
- Salz • Pfeffer • Zucker
- 1 Dose (850 ml) Tomaten
- 100 ml Gemüsebrühe
- 8 Stiele Thymian
- Rosenpaprika

1 Suppengrün putzen und waschen. Zwiebel schälen. Alles fein würfeln. Öl in einem Topf erhitzen. Hack darin ca. 10 Minuten krümelig anbraten.

2 Nach ca. 6 Minuten Gemüse- und Zwiebelwürfel zum Hack geben und mitbraten. Tomatenmark einrühren. Alles mit Salz und Pfeffer würzen.

3 Tomaten etwas zerkleinern und mit der Brühe zur Hackmischung geben. Alles aufkochen und ca. 20 Minuten köcheln lassen.

4 Thymian waschen, Blättchen abzupfen und fein hacken. Zur Soße geben. Mit Salz, Pfeffer, 1 Prise Zucker und Rosenpaprika abschmecken. Passt zu Nudeln (z. B. Penne oder Spaghetti). Dazu schmeckt frisch geriebener Parmesan.

Erdnusssoße

ZUTATEN FÜR 4–6 PERSONEN

- 3 Schalotten
- 3 Knoblauchzehen
- 1 walnussgroßes Stück (ca. 30 g) Ingwer
- 1 Bio-Limette
- 1 Stange Zitronengras
- 1 Dose (400 g) Kokosmilch
- 4–5 EL Sojasoße
- 1 gestrichener EL Zucker
- 1 kleine rote Chilischote
- 150 g geröstete ungesalzene Erdnusskerne
- ½ TL gem. Koriandersamen
- ½ TL gem. Kreuzkümmel

1 Schalotten, Knoblauch und Ingwer schälen und fein würfeln. Limette waschen, trocken reiben und die Schale abreiben. Limette halbieren und Saft auspressen. Zitronengras halbieren.

2 Kokosmilch, Knoblauch, Ingwer, Schalotten, Limettensaft und -schale, Zitronengras, 4 EL Sojasoße und Zucker verrühren, aufkochen.

3 Chili längs einritzen, entkernen, waschen und in Stücke schneiden. Erdnüsse und Chili fein mahlen, zur Soße geben. Zitronengras entfernen. Soße pürieren, aufkochen und 2–3 Minuten köcheln lassen. Gewürze einrühren und ca. 3 Minuten weiterköcheln. Mit Sojasoße abschmecken. Passt zu Geflügelspießen und Reis.

Sauce béarnaise

ZUTATEN FÜR 4 PERSONEN

- 2 Schalotten oder kleine Zwiebeln
- je 3–4 Stiele frischer oder je 1 TL getrockneter Estragon und Kerbel
- 150 ml trockener Weißwein
- 5 EL Weißweinessig
- 1 TL Pfefferkörner
- 175 g Butter
- 2 Eigelb
- Salz • Pfeffer • Zucker

1 Schalotten schälen und in Ringe schneiden. Kräuter waschen, trocken schütteln, von den Stielen zupfen und fein hacken.

2 Wein, ⅓ Estragon, Essig, Schalotten und Pfefferkörner aufkochen und offen auf die Hälfte einkochen (reduzieren). Reduktion durch ein Sieb gießen und etwas abkühlen lassen.

3 Butter schmelzen, etwas abkühlen lassen. Eigelb und Reduktion über dem heißen Wasserbad mit einem Schneebesen dickcremig aufschlagen. Die Butter langsam (zuerst nur tröpfchenweise) darunterschlagen.

4 Kräuter in die Soße rühren, mit Salz, Pfeffer und 1 Prise Zucker abschmecken. Passt warm oder kalt zu gebratenem oder gegrilltem Fleisch und Fisch.

Tomatensoße

Grundrezept

ZUTATEN FÜR 4 PERSONEN

- **1 Zwiebel**
- **400 g reife Tomaten**
- **2 leicht gehäufte EL (30 g) Butter/Margarine**
- **2 leicht gehäufte EL (30 g) Mehl**
- **Salz • Pfeffer • Zucker**
- **1–2 EL Weißweinessig**

1 Zwiebel schälen und fein würfeln. Tomaten waschen und grob würfeln.

2 Fett in einem Topf erhitzen und Zwiebel darin andünsten. Mehl zufügen und kurz anschwitzen. Mit ½ l Wasser unter Rühren ablöschen. Tomaten zufügen, aufkochen und 10–15 Minuten köcheln. Dann fein pürieren und durch ein feines Sieb passieren. Mit Salz, Pfeffer, 1 Prise Zucker und Essig abschmecken.

Verwendung

Die klassische mit Mehl gebundene Tomatensoße (s. Grundrezept) schmeckt zu **Pasta, als Grundlage für Pizzen** und **Bolognese.** In unseren Variationen (s. u.) passt sie zu **Reis-, Fisch-, Hackfleisch- oder Eiergerichten** oder zu **Geflügel.**

Extra-Tipps

- **Einkochen statt Binden:** Für Italiener ist die Mehlschwitze eine Sünde. Außer Olivenöl, frischen Tomaten, Zwiebeln, Knoblauch und Kräutern braucht diese nur mind. 30 Minuten zum Einköcheln.
- **Statt frischer Tomaten** können Sie auch Dosentomaten oder stückige Tomaten aus der Packung verwenden. Diese sind qualitativ hochwertig, haben einen sehr intensiven Geschmack, und die Soße wird einfach noch tomatiger.
- **Die Zugabe von Tomatenmark** (2 EL) verstärkt das Tomatenaroma und macht die Soße dicklicher. Bei seiner Verwendung (s. u. die Variante mit Sahne und Parmesan) das Tomatenmark entweder mit dem Mehl anschwitzen oder mit etwas Soße verquirlen und unterrühren.

Vier leckere Varianten

MIT KNOBLAUCH UND KIRSCHTOMATEN

1 Knoblauchzehe schälen und fein hacken. Zusammen mit der Zwiebel (s.o.) anschwitzen und Grundsoße fertigstellen. **250 g Kirschtomaten** waschen und vierteln. **1 Zweig Rosmarin** waschen, trocken schütteln, Nadeln abzupfen und hacken. Beides zur Soße geben und unterrühren.

MIT SAHNE UND PARMESAN

60 g Parmesan reiben. **3 Stiele Petersilie** waschen, trocken schütteln und fein hacken. Statt Tomaten **2 EL Tomatenmark** zur Mehlschwitze geben (s. Tipp). **200 g Schlagsahne** und Parmesan hinzufügen und rühren, bis der Käse geschmolzen ist. Alles pürieren. Gehackte Petersilie zufügen.

MIT ZUCCHINI UND PAPRIKA

Für die Grundsoße **gelbe statt rote Tomaten** verwenden. ½ **gelbe Zucchini** und ½ **gelbe Paprikaschote** waschen, putzen und würfeln. In **1 EL Öl** ca. 4 Minuten anbraten. **1 Stiel Thymian** waschen, trocken schütteln und hacken. Alles zur Grundsoße geben, nochmals aufkochen und kurz köcheln.

MIT OLIVEN UND CHILI

75 g schwarze Oliven abtropfen lassen und in Ringe schneiden. **1 kleine Chilischote** waschen, längs aufschneiden, die Kerne entfernen und die Schote fein schneiden. Alles zur fertigen Soße geben und noch mal kurz aufkochen.

Süße Träume

Ob Pfannkuchen, Crème Caramel oder rote Grütze mit viel Vanillesoße – diese süßen Klassiker verwöhnen Sie

Vanillepudding zum Stürzen

4 EL von ½ l **Milch** mit **1 Päckchen Puddingpulver „Vanille" (zum Kochen)** und **40 g Zucker** glatt verrühren. Rest Milch aufkochen, Puddingpulver einrühren.

Aufkochen, Temperatur herunterschalten und mit dem Schneebesen unter ständigem Rühren ca. 1 Minute köcheln lassen.

Eine Puddingform kalt ausspülen und den heißen Vanilleflammeri einfüllen. Auskühlen lassen, mit Folie abdecken und in den Kühlschrank stellen.

Zum Stürzen mit einem spitzen Messer vom Rand lösen. Auf einen kalt abgespülten Teller stürzen – so lässt er sich danach noch in die Mitte bewegen.

Rote Grütze (Rezept S. 177)

500 g gemischte Beeren verlesen bzw. putzen, waschen. Erdbeeren klein schneiden. Beeren (außer Himbeeren) mit ¼ **l Saft** und **5 EL Zucker** aufkochen.

Alles zugedeckt ca. 5 Minuten köcheln. **2 EL Speisestärke** mit **kaltem Wasser, Saft oder Wein** anrühren und in die Früchte rühren. Ca. 1 Minute köcheln.

Die Himbeeren erst ganz zum Schluss in die heiße Grütze geben, damit sie nicht zerkochen.
Rote Grütze auskühlen lassen.

Aprikosen vorbereiten (Rezept S. 176)

Möglichst **reife, aromatische Aprikosen** aussuchen. Die Früchte waschen und mit einem Geschirrtuch trocken tupfen.

Dann die Aprikosen in Hälften schneiden und die Steine mit den Fingern herauslösen.

Je nach Größe der Früchte und Verwendungszweck in Spalten oder Würfel schneiden.

Besonders fein wird's, wenn Sie sie häuten: Dazu 2–3 Minuten in kochendes Wasser legen. Dann abschrecken und die Haut mit einem kleinen Messer abziehen.

Crème Caramel (Rezept S. 181)

100 g Zucker karamellisieren, in gefettete ofenfeste Förmchen geben. **4 Eier, 2 Eigelb, 100 g Zucker** und **400 ml Milch** gut verrühren. In die Förmchen gießen.

In der Fettpfanne mit kochendem Wasser im heißen Ofen (E-Herd: 150 °C) ca. 45 Minuten stocken. Mind. 2 Stunden kalt stellen. Zum Stürzen in heißes Wasser tauchen.

Den Flan ringsherum mit einem kleinen spitzen Messer vom Rand der Förmchen lösen.

Dann auf Teller oder vorbereitete Früchte stürzen, dabei den flüssigen Karamell als Soße herunterlaufen lassen.

Crêpes Suzette

40 g Butter schmelzen, abkühlen. Mit **100 g Mehl, ¼ l Milch, 1 Prise Salz, 3 Eiern** und **1 EL Zucker** glatt verrühren. 20 Minuten quellen lassen. In heißem Öl backen.

Den Teig durch Schwenken gleichmäßig dünn in der Pfanne verteilen. Von beiden Seiten mithilfe eines Pfannenwenders goldbraun backen.

200 ml Orangensaft und **3 EL Zucker** aufkochen. **1 TL Stärke** mit 2 EL Wasser verrühren, Soße binden. **60 g kalte Butterwürfel** unterrühren. Crêpes darin wenden …

… Crêpes zu Dreiecken falten und alle in die Pfanne legen. Mit **4 EL Orangenlikör** begießen und flambieren. Crêpes mit Soße und **Filets von 2 Orangen** anrichten.

Zitronensorbet (Rezept S. 183)

Aus **300 g Zucker** und **450 ml Wasser** Sirup kochen. **200 ml Zitronensaft** einrühren. 30–45 Minuten ins Gefriergerät stellen.
1 frisches Eiweiß steif schlagen.

Sobald sich in der Zitronenmasse kleine Eiskristalle bilden, den Eischnee mit einem Schneebesen vorsichtig unterziehen.

Ca. weitere 4 Stunden einfrieren. Dabei öfter mit dem Pürierstab oder mit dem Schneebesen kräftig durchrühren. Dann zu Kugeln formen, ca. 30 Minuten einfrieren.

Quarkkeulchen mit Mirabellenkompott

ZUTATEN FÜR 4–6 PERSONEN

- **500 g mehligkochende Kartoffeln**
- **Salz**
- **50 g Rosinen**
- **500 g Mirabellen (ersatzweise Pflaumen)**
- **1 EL (10 g) Speisestärke**
- **¼ l Apfelsaft**
- **5 EL Zucker**
- **200 g Magerquark**
- **1 Ei (Gr. M)**
- **1 Päckchen Vanillinzucker**
- **4 EL Paniermehl**
- **2 EL Mandelblättchen**
- **2–3 EL Butter/Margarine**

1 Kartoffeln schälen, waschen und in Salzwasser zugedeckt ca. 20 Minuten kochen. Abgießen und durch eine Kartoffelpresse drücken. Auskühlen lassen.

2 Rosinen waschen und trocken tupfen. Mirabellen waschen, entsteinen und vierteln. Stärke und 5 EL Wasser glatt rühren. Apfelsaft und 2 EL Zucker aufkochen, Stärke einrühren, nochmals aufkochen und ca. 1 Minute köcheln. Mirabellen und Rosinen unterheben. Kompott auskühlen lassen.

3 Quark, Ei, 3 EL Zucker und Vanillinzucker mit den Schneebesen des Handrührgerätes verrühren. Kartoffeln kurz darunterrühren. Aus der Kartoffelmasse mit angefeuchteten Händen ca. 12 runde Plätzchen formen und in Paniermehl wenden.

4 Mandeln in einer weiten Pfanne ohne Fett goldbraun rösten und herausnehmen. Fett in der Pfanne erhitzen. Quarkkeulchen darin von beiden Seiten 5–7 Minuten braten. Mit dem Kompott anrichten. Mandeln darüberstreuen.

ZUBEREITUNGSZEIT ca. 1 Std.
AUSKÜHLZEIT ca. 1 Std.
PORTION ca. 290 kcal
10 g E · 7 g F · 46 g KH

Apfelgratin mit Mandelkruste

ZUTATEN FÜR 4 PERSONEN

- **4 Rosinenbrötchen (z. B. vom Vortag)**
- **4 Eier (Gr. M)**
- **300 ml Milch**
- **2 EL Zucker**
- **1 Päckchen Vanillinzucker**
- **etwas + 1 EL Butter**
- **500 g Äpfel**
- **75 g Mandelkerne (ohne Haut)**
- **3 EL flüssiger Honig**
- **Puderzucker zum Bestäuben**

1 Brötchen in dünne Scheiben schneiden. Eier, Milch, Zucker und Vanillinzucker verquirlen, darübergießen und ca. 30 Minuten einweichen.

2 Vier kleine feuerfeste Formen oder eine große Auflaufform fetten. Äpfel schälen, vierteln, entkernen und in dünne Spalten schneiden. Brötchen und Äpfel in die Formen schichten. Mit Mandeln bestreuen und leicht andrücken. Honig darüberträufeln und 1 EL Butter in Flöckchen darauf verteilen.

3 Im vorgeheizten Backofen (E-Herd: 175 °C/Umluft: 150 °C/Gas: Stufe 2) 25–30 Minuten backen. Herausnehmen und mit Puderzucker bestäuben. Dazu passt Vanillesoße (Rezept s. S. 177).

ZUBEREITUNGSZEIT ca. 45 Min.
EINWEICHZEIT ca. 30 Min.
PORTION ca. 580 kcal
20 g E · 21 g F · 74 g KH

Extra-Tipp

Statt der Rosinenbrötchen können Sie auch Milchbrötchen oder Weißbrot nehmen. Streuen Sie dann einfach 3–4 EL Rosinen mit in die Eiermilch.

Quarknocken auf Aprikosenkompott

ZUTATEN FÜR 4 PERSONEN

- 250 g Magerquark
- 100 g Schmand
- 3 EL + 125 g Zucker
- 6 EL Cognac/Weinbrand
- 400 g reife Aprikosen
- 2 EL Mandelkerne (ohne Haut)
- evtl. Zitronenmelisse zum Verzieren

1 Am Vortag Quark, Schmand und 3 EL Zucker verrühren. Ein großes Sieb evtl. mit Küchenpapier oder einem Mulltuch auslegen und über eine Schüssel hängen. Quark hineingeben und im Kühlschrank über Nacht abtropfen lassen, damit er fest genug zum Abstechen ist.

2 ⅛ l Wasser, Cognac und 125 g Zucker in einem Topf verrühren. Aufkochen und bei mittlerer Hitze offen ca. 10 Minuten zu Sirup einkochen lassen.

3 Aprikosen waschen und entsteinen (s. S. 172). Je nach Größe halbieren oder vierteln. Im heißen Sirup bei schwacher Hitze 3–6 Minuten ziehen lassen. Auskühlen lassen. Mandeln evtl. goldbraun rösten und zu den Aprikosen geben.

4 Aus der Quarkmasse mit zwei Teelöffeln Nocken formen. Auf den Aprikosen anrichten. Mit Melisse verzieren.

ZUBEREITUNGSZEIT ca. 30 Min.
ABTROPFZEIT ca. 12 Std.
PORTION ca. 390 kcal
12 g E · 11 g F · 50 g KH

Rote Grütze mit Vanillesoße

ZUTATEN FÜR 4 PERSONEN

- 500 g gemischte Beeren (z.B. Erdbeeren, Himbeeren und Johannisbeeren)
- ¼ l Apfelsaft
- 7 EL Zucker
- 1 Stück Schale und 1–2 EL Saft von 1 Bio-Zitrone
- 3 gehäufte EL Speisestärke
- ⅛ l Kirsch- oder Apfelsaft
- ¼ l Milch
- 100 g Schlagsahne
- 1 Päckchen Bourbon-Vanillezucker
- evtl. Erdbeeren zum Verzieren

1 Beeren verlesen bzw. putzen und waschen (s. S. 172). Erdbeeren waschen, putzen und evtl. kleiner schneiden. Mit Apfelsaft, 5 EL Zucker, Zitronenschale und -saft aufkochen. Alles zugedeckt ca. 5 Minuten köcheln.

2 2 EL Stärke und Saft verrühren. In die Früchte rühren, aufkochen und ca. 1 Minute köcheln. Auskühlen lassen.

3 1 EL Stärke und 5 EL Milch anrühren. Restliche Milch, Sahne, Vanillezucker und 2 EL Zucker aufkochen. Mit angerührter Stärke binden. Ca. 1 Minute köcheln. Vanillesoße abkühlen lassen.

4 Rote Grütze anrichten und mit Erdbeeren verzieren. Die Vanillesoße dazureichen.

ZUBEREITUNGSZEIT ca. 20 Min.
AUSKÜHLZEIT mind. 4 Std.
PORTION ca. 340 kcal
6 g E · 14 g F · 44 g KH

Extra-Tipp

Für grüne Grütze: Zerkleinerte Kiwis, Stachelbeeren und Weintrauben in Apfelsaft aufkochen. Mit Zucker abschmecken und mit Stärke binden.

Mandelschmarrn mit Pflaumen

ZUTATEN FÜR 4 PERSONEN

- 750 g Pflaumen/Zwetschen
- ½ l Apfelsaft
- 5 EL Zucker
- Mark von 1 Vanilleschote
- 1–2 EL Speisestärke
- 5 EL Amarettolikör
- 4 Eier (Gr. M)
- 200 ml Milch
- Salz
- 75 g Mehl
- 75 g gemahlene Mandeln
- 2 EL Butterschmalz
- 2 EL Mandelblättchen
- Puderzucker zum Bestäuben

1 Pflaumen waschen, halbieren und entsteinen. Apfelsaft, 2 EL Zucker und Vanillemark aufkochen. Die Pflaumen darin ca. 5 Minuten köcheln. Stärke und 2 EL Wasser glatt rühren. In die Pflaumen rühren, aufkochen und ca. 1 Minute köcheln. Mit Likör verfeinern.

2 Eier trennen. Eigelb, 1 EL Zucker, Milch und 1 Prise Salz schaumig schlagen. Mehl und gemahlene Mandeln unterrühren. Eiweiß und 1 EL Zucker steif schlagen, unterheben.

3 1 EL Butterschmalz in einer beschichteten Pfanne (ca. 24 cm Ø) erhitzen. 1 EL Mandelblättchen hineinstreuen. Hälfte Teig darin von beiden Seiten goldbraun backen. Mit zwei Gabeln in Stücke reißen. Mit ½ EL Zucker bestreuen und kurz weiterbacken.

4 Schmarrn warm stellen und auf gleiche Weise einen weiteren Schmarrn backen. Mit Puderzucker bestäuben, mit dem Kompott anrichten.

ZUBEREITUNGSZEIT ca. 50 Min.
PORTION ca. 610 kcal
17 g E · 28 g F · 64 g KH

Extra-Info

Den klassischen Kaiserschmarrn aus Österreich bereitet man ohne gemahlene Mandeln zu. Diese können Sie einfach durch Weizenmehl ersetzen.

Milchreis mit Kirschen und Zimtzucker

ZUTATEN FÜR 4 PERSONEN

- 750 g Sauerkirschen
- ½ l Sauerkirschnektar
- 5 EL Zucker
- 2 gehäufte EL (ca. 25 g) Speisestärke
- 1 Stück Schale von 1 Bio-Zitrone
- 1 l Milch
- Salz
- 200 g Milchreis
- 100 g Schlagsahne
- 1 Päckchen Vanillinzucker
- ½ TL Zimt
- Zitronenmelisse zum Verzieren

1 Kirschen waschen, entstielen und entsteinen. 5 EL Nektar, 3 EL Zucker und Stärke glatt rühren. Den übrigen Nektar mit Zitronenschale aufkochen. Die Stärke einrühren, alles aufkochen und unter Rühren ca. 1 Minute köcheln. Dann die Kirschen zufügen und aufkochen. Alles unter Rühren 1–2 Minuten köcheln, auskühlen lassen. Zitrone entfernen.

2 Milch und 1 Prise Salz in einem Topf aufkochen. Milchreis einrühren und alles noch einmal aufkochen. Den Reis 25–35 Minuten bei schwacher Hitze quellen lassen. Dabei ab und zu umrühren, damit nichts anbrennt. Zum Schluss Sahne und Vanillinzucker unter den Reis rühren. Evtl. den Reis etwas ab- oder ganz auskühlen lassen.

3 Inzwischen Zimt mit 2 EL Zucker verrühren. Milchreis mit den Kirschen in tiefen Tellern anrichten und mit einem Melisseblättchen verzieren. Zimtzucker dazureichen.

ZUBEREITUNGSZEIT ca. 1 Std.
AUSKÜHLZEIT evtl. 1 Std.
PORTION ca. 680 kcal
14 g E · 22 g F · 102 g KH

Extra-Tipp

Lecker schmeckt der Milchreis auch mit gebräunter Butter. Dann die Sahne weglassen, damit es nicht zu fett wird.

Grießflammeri mit Nussnougatsoße

ZUTATEN FÜR 4–6 PERSONEN

- ½ l + ⅛ l Milch
- Salz
- 70 g Grieß
- 1–2 EL Haselnusssirup
- 2 EL Zucker
- 2 Eier
- 2 EL Haselnusskerne
- 50 g Zartbitterschokolade
- 5–6 EL Schlagsahne
- 2 EL Nussnougatcreme
- Kakao zum Bestäuben

1 ½ l Milch und 1 Prise Salz aufkochen. Grieß, Sirup und Zucker einrühren. Bei schwacher Hitze zugedeckt ca. 5 Minuten quellen lassen.

2 Eier trennen. Eigelb unter den heißen Grieß rühren. Eiweiß steif schlagen und sofort unter den Grieß heben. Puddingform (ca. 1 l Inhalt) mit kaltem Wasser ausspülen. Masse einfüllen. Auskühlen lassen und zugedeckt mind. 3 Stunden kalt stellen.

3 Nüsse in einer Pfanne ohne Fett rösten. Herausnehmen, etwas abkühlen lassen und grob hacken. Schokolade in Stücke brechen. ⅛ l Milch und Sahne erhitzen. Schokolade und Nougatcreme darin unter Rühren schmelzen. Soße auskühlen lassen.

4 Grießflammeri auf einen Teller stürzen. Mit Nussnougatsoße beträufeln und mit gehackten Nüssen verzieren. Mit Kakao bestäuben.

ZUBEREITUNGSZEIT ca. 35 Min.
AUSKÜHL-/KÜHLZEIT mind. 4 Std.
PORTION ca. 280 kcal
9 g E · 15 g F · 25 g KH

Spanischer Orangenflan

ZUTATEN FÜR 6 PERSONEN

- **Öl für die Förmchen**
- **150 g + 125 g Zucker**
- **ca. 1 kg Orangen (ca. 6 Stück; davon 1 bio)**
- **4 Eier + 2 Eigelb**
- **200 ml Milch**
- **evtl. gehackte Pistazien zum Verzieren**

Sechs ofenfeste Förmchen (à ca. 150 ml Inhalt) fetten. 150 g Zucker goldbraun karamellisieren (s. S. 173), in die Förmchen gießen und erstarren lassen.

1 Bio-Orange heiß waschen, trocken reiben und die Schale fein abraspeln. Bio-Orange und weitere 2–3 Orangen auspressen. 200 ml Saft abmessen.

2 Eier, Eigelb, 125 g Zucker und Milch glatt rühren. Orangenschale und -saft unterrühren. Eimasse evtl. durch ein Sieb gießen und in die Förmchen verteilen.

3 Förmchen in die Fettpfanne des Backofens stellen und kochendes Wasser angießen. Im vorgeheizten Backofen (E-Herd: 150 °C/Umluft: 125 °C/Gas: Stufe 1) ca. 45 Minuten stocken lassen. Abkühlen lassen und über Nacht kalt stellen.

4 Übrige Orangen so schälen, dass die weiße Haut vollständig entfernt wird. Fruchtfleisch in Scheiben schneiden, auf sechs Desserttellern anrichten. Die Förmchen kurz in heißes Wasser tauchen und die Flans jeweils vorsichtig auf die Orangen stürzen. Mit Pistazien verzieren.

ZUBEREITUNGSZEIT ca. 1 ¼ Std.
AUSKÜHL-/KÜHLZEIT ca. 12 Std.
PORTION ca. 360 kcal
8 g E · 8 g F · 61 g KH

Arme Ritter mit heißen Kirschen

ZUTATEN FÜR 4 PERSONEN

- **8 Scheiben Weißbrot (vom Vortag)**
- **2 Eier (Gr. M)**
- **¼ l Milch**
- **1 Päckchen Vanillinzucker**
- **1 Glas (370 ml) Kirschen**
- **½ Päckchen Soßenpulver „Vanille" (zum Kochen; für ½ l Milch)**
- **6 EL Zucker**
- **1–2 EL Butterschmalz**
- **½ TL Zimt**

1 Brote auf eine Platte mit hohem Rand legen. Eier, Milch und Vanillinzucker verquirlen, darübergießen. Ca. 20 Minuten ziehen lassen, bis die gesamte Flüssigkeit aufgesogen ist, dabei mehrmals wenden.

2 Kirschen abtropfen lassen und den Saft dabei auffangen. Saft mit Wasser auf ½ l auffüllen. Soßenpulver, 2 EL Zucker und 5 EL Saft glatt rühren.

3 Rest Saft aufkochen. Das Soßenpulver einrühren, nochmals aufkochen und unter Rühren ca. 1 Minute köcheln. Kirschen unterheben.

4 Butterschmalz portionsweise in einer beschichteten Pfanne erhitzen. Brote darin pro Seite 2–3 Minuten braten. 4 EL Zucker mit Zimt mischen. Brote darin wenden. Mit Kirschen anrichten.

ZUBEREITUNGSZEIT ca. 30 Min.
EINWEICHZEIT ca. 20 Min.
PORTION ca. 360 kcal
11 g E · 10 g F · 55 g KH

Extra-Tipp

Für den Klassiker können Sie auch Brotsorten vom Vortag, wie z. B. Bauern- oder Vollkornbrot, aufbrauchen.

Zitronensorbet mit Melone

ZUTATEN FÜR 4 PERSONEN

- **300 g Zucker**
- **4–5 Zitronen (davon 1 bio)**
- **ca. 8 Stiele Zitronenmelisse**
- **1 frisches Eiweiß**
- **Salz**
- **½ Charentais-Melone (ca. 300 g)**
- **2–4 EL Apfelsaft**

1 450 ml Wasser und Zucker aufkochen, kurz köcheln (s. S. 173). Sirup auskühlen lassen.

2 Bio-Zitrone waschen und 4 Scheiben abschneiden. Saft von allen Zitronen auspressen und 200 ml abmessen. Sirup und Saft in einer Metallschüssel verrühren. 30–45 Minuten ins Gefriergerät stellen. Melisse waschen und Blättchen von 4 Stielen hacken. Eiweiß und 1 Prise Salz steif schlagen, mit Melisse unter die Eismasse rühren. Weitere ca. 4 Stunden einfrieren, dabei öfter kräftig durchrühren.

3 Melone in Spalten schneiden, entkernen und Fruchtfleisch von der Schale schneiden. Apfelsaft zugießen, alles fein pürieren.

4 Sorbet zu 8–12 Kugeln formen. Nochmals mind. 30 Minuten einfrieren. Sorbet und Melonensoße in vorgekühlten Gläsern mit je 1 Zitronenscheibe anrichten. Mit Rest Melisse verzieren. Evtl. übrige Soße extra dazureichen.

ZUBEREITUNGSZEIT ca. 30 Min.
KÜHL-/EINFRIERZEIT mind. 6 Std.
PORTION ca. 360 kcal
2 g E · 0 g F · 87 g KH

Himbeer-Joghurt-Mousse

ZUTATEN FÜR 4 PERSONEN

- 300 g Himbeeren (frisch oder TK)
- 4 Blatt weiße Gelatine
- 300 g Vollmilchjoghurt
- 4–5 gehäufte EL Zucker
- 1 Päckchen Bourbon-Vanillezucker
- 125 g Schlagsahne
- 1 EL gehackte Pistazien
- evtl. Zitronenmelisse zum Verzieren

1 Evtl. Himbeeren auftauen lassen. Je 2 Blatt Gelatine getrennt kalt einweichen. Joghurt, 2 EL Zucker und Vanillezucker verrühren.

2 2 Blatt Gelatine ausdrücken, bei milder Hitze auflösen. Erst mit 2–3 EL Joghurt verrühren, dann unter den übrigen Joghurt rühren. Ca. 15 Minuten kalt stellen, bis er zu gelieren beginnt.

3 Frische Himbeeren verlesen, einige zum Verzieren beiseite legen. Rest pürieren und mit 2–3 EL Zucker abschmecken. 3 EL Püree im kleinen Topf erwärmen. 2 Blatt Gelatine ausdrücken und darin auflösen. Unter das übrige Püree rühren. Ca. 15 Minuten kalt stellen.

4 Sahne steif schlagen, unter den Joghurt heben. Mousse und Püree abwechselnd in vier Gläser schichten. Mind. 4 Stunden kalt stellen. Mit Pistazien, den übrigen Beeren und Melisse verzieren.

ZUBEREITUNGSZEIT ca. 30 Min.
EVTL. AUFTAUZEIT ca. 30 Min.
KÜHLZEIT mind. 4 ½ Std.
PORTION ca. 260 kcal
7 g E · 14 g F · 24 g KH

Menü 1 FESTLICH

Ein herrliches Verwöhnmenü, das bei Ihren Gästen besonders gut ankommen wird.

VORSPEISE

Gemüsebrühe mit Eierstich **S. 16**

HAUPTGERICHT

Filetsteaks mit Rosenkohl **S. 57**

DESSERT

Spanischer **Orangenflan** **S. 181**

Menü 2 EINFACH

Raffinierte Ideen für kleine Glücksmomente. Nicht verraten, wie einfach es geht.

VORSPEISE

Eier im Knusperkörbchen **S. 154**

HAUPTGERICHT

Schinken-Basilikum-**Nudeln** **S. 129**

DESSERT

Grießflammeri **S. 180**

Menü 3 VEGETARISCH

Lecker, frisch und so gesund! Es schmeckt auch prima ohne Fleisch oder Fisch.

VORSPEISE

Blattsalat mit Bergkäse **S. 28**

HAUPTGERICHT

Gnocchi mit Steinpilzen **S. 115**

DESSERT

Himbeer-Joghurt-**Mousse** **S. 184**

Menü 4 PREISWERT

Ein Drei-Gänge-Menü muss nicht viel kosten, wie diese köstlichen Ideen zeigen.

VORSPEISE

Pikante **Tomatensuppe** **S. 17**

HAUPTGERICHT

Weißkohl-Mett-**Auflauf** **S. 73**

DESSERT

Quarknocken auf Aprikosen **S. 176**

Menü 5 MIT FISCH

Das bodenständige Menü wird Fans von fangfrischem Fisch begeistern.

VORSPEISE

Käse-Schinken-**Champignons** **S. 42**

HAUPTGERICHT

Lachsfilet mit Kartoffelkruste **S. 101**

DESSERT

Zitronensorbet mit Melone **S. 183**

Tischlein, deck dich!

In einem schönen Ambiente fühlen sich Gäste wohl und genießen Ihre Kochkünste umso mehr. Von Anfang an sollte alles am richtigen Platz stehen und nichts fehlen, damit Sie als Gastgeber nicht vom Tisch aufspringen müssen.

Teller und Besteck

Der **Teller** wird ca. 2 cm von der Tischkante entfernt mittig vor den Stuhl gestellt. Häufig wird ein **Platzteller** zur Orientierung aufgedeckt. Er dient als Unterlage für die Teller der jeweiligen Gänge. Das **Besteck** wird bei mehrgängigen Menüs von außen nach innen angeordnet (das Besteck für die Vorspeise liegt also außen, das Hauptspeisenbesteck innen): Die **Gabeln** liegen links, die **Messer** mit der Schneide dem Teller zugewandt rechts. Gibt es eine Suppe als Vorspeise, liegt der **Löffel** rechts außen neben dem Messer.

Dessertbestecke, wie kleine Löffel oder Gabeln, liegen oberhalb des Tellers, der Löffelgriff guckt nach rechts, der Gabelgriff nach links. Wird vorweg **Brot** bereitgestellt, befindet sich der Teller hierfür auf der linken Seite, das kleine **Buttermesser** liegt, mit der Schneide nach links, rechts darauf.

Gläser

Es gibt verschiedene Anordnungen – diese ist üblich: Die Gläser werden rechts oberhalb des Tellers platziert, in einer leichten Diagonalen von links oben nach rechts unten. Das Glas zum **Hauptgang** (häufig das Rotweinglas) steht ungefähr über dem Messer. Rechts davon wird das **Sektglas** (oder Weißweinglas) zur Vorspeise platziert. Das dritte Glas, z. B. ein **Wasserglas**, gehört rechts neben beide Gläser.

GLÄSERKUNDE

Für jedes Getränk das passende Glas: **Rotweingläser** sind bauchig und haben ein relativ großes Volumen. **Weißweingläser** fallen kleiner und dünnwandiger aus und wölben sich am oberen Rand leicht nach innen. **Sekt** wird in tulpenförmigen, schlanken Gläsern serviert, damit die Kohlensäure nicht entweicht. Und der **Digestif** (s. links im Bild) kommt ins kleine bauchige Glas.

Cognacschwenker (s. links im Bild) sind groß und bauchig, damit sich das edle Aroma gut entfalten kann. **Aquavitgläser** haben einen langen dicken Stiel, sodass sich der Inhalt beim Anfassen nicht erwärmt. Gläser für klare **Schnäpse** sind häufig zylinderförmig und haben einen stabilen Boden, ein **Sherryglas** (s. rechts im Bild) hat einen Stiel und ist dünnwandig.

SERVIETTEN liegen vor dem Essen dezent gefaltet auf dem Teller oder werden links danebengelegt.

Abbrennen
Rühren von Mehl- oder Grießbrei auf der ausgeschalteten heißen Herdplatte, bis sich die Masse als Kloß vom Boden des Kochtopfes löst (z. B. bei Brandteig oder Grießklößchen).

Ablöschen
Zufügen von Flüssigkeiten (z. B. Wasser, Brühe oder Wein) zu gebratenem Fleisch, Gemüse oder einer Mehlschwitze, um den Bratvorgang in einen Garvorgang umzuwandeln und evtl. eine Soße zu erhalten.

Abschäumen
Abschöpfen von Schaum, der sich beim Kochen an der Oberfläche bildet.

Abschrecken
Garprozess von heißen Lebensmitteln mithilfe von kaltem Wasser schlagartig unterbrechen (z. B. Eier, Gemüse oder Pellkartoffeln).

Abstechen
Etwas von einer Masse abnehmen und mit Löffeln zu Nocken formen (z. B. Grießnocken).

Aufschlagen
Lockerung von Massen durch schnelles Schlagen und dadurch Einschluss von Luft.

Ausbeinen
Herauslösen von Knochen aus Fleischstücken.

Auslassen
Ausbraten von Fett, z. B. aus Speck.

Ausnehmen
Entfernen von Eingeweiden bei ganzen Fischen und Geflügel.

Bardieren
Umwickeln oder Belegen von magerem Fleisch mit Speckscheiben.

Binden
Andicken von Soßen oder Suppen durch Zugabe von Bindemitteln wie z. B. Stärke oder Mehl.

Bouquet garni
Kräutersträußchen, das in Suppen zum Würzen verwendet wird. Klassisch darin sind Petersilie, Thymian und Lorbeer.

Brunoise
Ganz fein geschnittene Würfel, die als Einlage für Brühen oder als Garnitur dienen.

Dressieren
Lebensmittel in die gewünschte Form bringen, z. B. durch Anbinden von abstehenden Körperteilen bei Geflügel, wenn es im Stück gegart wird.

Filetieren
Auslösen von Stücken und gleichzeitiges Abtrennen von unerwünschten oder ungenießbaren Bestandteilen, z. B. Haut und Gräten bei Fisch oder Schalen und Häute bei Zitrusfrüchten.

Flambieren
Übergießen von Speisen mit hochprozentigem Alkohol und anschließendes Anzünden und Abbrennenlassen; z. B. bei Fleisch, Eisspeisen, Obst oder Crêpes.

Frittieren/Ausbacken
Etwas in ca. 180 °C heißem Fett oder Öl schwimmend goldbraun garen, z. B. Pommes frites oder Gemüse in Bierteig.

Fond
Aromatische Flüssigkeit, die durch das lange Garen von Gemüse oder Fleisch entsteht und eine Grundlage für Suppen und Soßen bildet.

Glasig werden lassen
Andünsten von Zwiebeln oder Reis in heißem Fett, ohne sie zu bräunen.

Gratinieren
Überbacken einer Speise, sodass sich eine braune Kruste an der Oberfläche bildet (wie bei „Gratins"), häufig mit Käse.

Julienne
Schneidetechnik, bei der Gemüse z. B. für Suppeneinlagen oder als feine Beilage in sehr feine Streifen geschnitten wird.

Karamellisieren
Schmelzen und Bräunen von Zucker in einer Pfanne oder einem Topf unter ständigem Rühren. Evtl. mit Flüssigkeit ablöschen, z. B. bei Karamellsoßen.

Legieren
Nicht mehr kochende Suppen oder Soßen z. B. mit Eigelb, Schlagsahne oder Butter leicht cremig eindicken.

Marinieren
Einlegen von Fleisch oder Fisch in aromatische Flüssigkeiten und Gewürzzutaten.

Mehlieren
Wälzen von Fleisch oder Fisch in Mehl, damit z. B. eine Panade besser haften bleibt.

Panieren
Fleisch oder Fisch vor dem Braten oder Frittieren mit einer Schutzschicht aus Mehl, verquirltem Ei und Paniermehl umgeben.

Parieren
Entfernen von Fett, Sehnen und anderen unerwünschten Bestandteilen von Fleisch oder Fisch mit einem spitzen scharfen Messer.

Passieren
Abtrennung von festen Bestandteilen aus einer Flüssigkeit durch Sieben (indem man sie durch ein Sieb seiht, drückt oder streicht).

Pochieren
Etwas in heißer, aber nicht siedender Flüssigkeit langsam gar ziehen lassen, z. B. Eier, Fisch oder Fleisch (Hähnchenfilet, Tafelspitz).

Reduzieren
Einkochen bzw. Verdampfenlassen von Wasser, um z. B. Soßen zu konzentrieren. Macht das Aroma stärker, verleiht eine leichte Sämigkeit.

Stocken
Eier oder Eimassen garen und so fest werden lassen, z. B. in der Pfanne, im Backofen oder im Wasserbad (z. B. Eierstich).

Tranchieren
Zerteilen/Zerlegen von Fleisch oder Fisch.

Sautieren
Kurzes schwenkendes Anbraten in einer Pfanne, z. B. von Gemüse.

Spicken
Durchziehen von Wild zur Aromatisierung. Mithilfe einer Spicknadel werden Streifen von ungeräuchertem Speck durchs Fleisch gezogen.

Tournieren
Schneidetechnik für Kartoffeln und Gemüse, bei der es auf die gleichmäßige Größe und Form der Stücke ankommt.

Rezepte von A bis Z

kochen & genießen Basis-Bibliothek

Die Basis-Kochbibliothek bietet auf fast 200 Seiten eine Riesenauswahl an tollen Rezepten rund ums Kochen und Backen. Alle Rezepte sind von der Redaktion der Zeitschrift **kochen & genießen** zusammengestellt und sorgfältig getestet.

Jeder Band
192 Seiten, Hardcover
mit zahlreichen Farbfotos
Großformat 21,0 × 28,0 cm
€ 10,95 (D) / € 11,30 (A)

Jeder Band nur
€ 10,95 (D)
€ 11,30 (A)

Fischgerichte für Genießer
ISBN 978-3-86803-519-3

Die neue Jahreszeiten-Küche
ISBN 978-3-86803-517-9

25 Jahre
kochen & genießen –
Unsere Jubiläumsbücher:

Die besten Rezepte – Das große Koch- und Backbuch
ISBN 978-3-86803-467-7

Das große Backbuch
ISBN 978-3-86803-516-2

Weitere lieferbare Titel:

30-Minuten-Küche
ISBN 978-3-927801-50-9

Aufläufe und Gratins
ISBN 978-3-86803-418-9

Backen
ISBN 978-3-86803-401-1

Backen für Advent & Weihnachten
ISBN 978-3-86803-402-8

Blechkuchen
ISBN 978-3-86803-426-4

Das Beste aus der Landhaus-Küche
ISBN 978-3-86803-486-8

Die neue Gemüseküche
ISBN 978-3-86803-487-5

Für Gäste
ISBN 978-3-8118-1538-4

Geflügel
ISBN 978-3-8118-1532-2

Italienische Küche
ISBN 978-3-86803-441-7

Köstliche Kuchen & Torten
ISBN 978-3-86803-257-4

Köstliche Ofen-Hits
ISBN 978-3-8118-1531-5

Köstliches aus der Pfanne
ISBN 978-3-86803-488-2

Neue Party-Hits
ISBN 978-3-86803-438-7

Nudel-Hits
ISBN 978-3-86803-403-5

Ohne Fleisch genießen
ISBN 978-3-86803-194-2

Salate
ISBN 978-3-86803-425-7

Torten-Hits
ISBN 978-3-86803-258-1

Roland Gööck

WEIN

Mit 75 pikanten Rezepten
aus aller Welt,
exklusiv fotografiert
für dieses Buch
von
Hans Joachim Döbbelin

SIGLOCH
EDITION

Die Abbildung gegenüber der Titelseite zeigt Weinberge bei Féchy im schweizerischen Kanton Waadt (Vaud) oberhalb des Genfersees. In dieser paradiesischen Weißweinregion werden überwiegend Trauben der Sorte Chasselas angebaut, die in Deutschland unter der Bezeichnung Gutedel vor allem im Badischen beheimatet ist. Übrigens – wenn Ihnen auf einem Schweizer Weinetikett der Begriff Dorin begegnet, dann wissen Sie, daß es sich um einen Wein aus Chasselastrauben aus dem Kanton Waadt handelt.

Rechte Seite: Wer könnte angesichts dieses einladenden Aushängeschilds in Deidesheim in der Pfalz einer Aufforderung zur Weinprobe widerstehen.

Reproduktion: Otterbach Repros, Rastatt
Satz: Lihs, Satz und Repro, Ludwigsburg
Druck: W. Kohlhammer, Stuttgart
Papier: 135 g/m² EURO ART glänzend, PWA
Grafische Papiere GmbH, Raubling
Bindearbeiten: Sigloch Buchbinderei, Künzelsau
ISBN 3-89393-083-3